Inhalt

Kinder haben Rechte

1 🖊 Schreibe Beispiele auf, wie diese Rechte in deiner Schule verwirklicht werden.

1 | Jedes Kind hat das Recht, seine Meinung frei zu äußern.

2

3 | Jedes Kind hat das Recht auf Bildung.

_____

_____

_____

_____

_____

_____

Du kannst auch Extrablätter nutzen.

_____

2 🖊 Begründe: Warum ist Lernen für dich wichtig?

_____

_____

_____

Wie ich in meiner ...

 🖊 Zeichne auf ein Extrablatt ein Cluster zum Thema:
Wie ich in meiner Klasse mitbestimmen kann

Ausgewählte Kinderrechte und ihre Bedeutung im eigenen Wirkungskreis wahrnehmen und beschreiben; Lernen als Kinderrecht begründen; ein Cluster zum Thema gestalten

2

S. 14, S. 15

Umweltfreunde 4

Wegweiser
Arbeitstechniken für den Sachunterricht

- Fragen zu einem Thema finden
- Die Fünf-Hüte-Methode
- Im Internet recherchieren
- Langzeitbeobachtung einer Pflanze
- Ein Kreisdiagramm auswerten
- Ein Netzwerk gestalten
- Nahrungsnetz am Waldrand
- An Modellen lernen
- Einen Sachtext verstehen
- Geschichtliche Quellen finden
- Einen Cluster erstellen
- Einen Kreislauf erklären

VOLK UND WISSEN

Fragen zu einem Thema finden

Dumme Fragen gibt es nicht.
Wenn ich nach Antworten suche,
entdecke ich immer Neues
und Interessantes.
Je mehr ich weiß,
desto mehr Fragen fallen mir ein.
Über Fragen, die ich stellen will,
und über die Antworten
denke ich viel nach.

„Polizei-" oder „W-Fragen" beginnen so:

Wer ...?   Was ...?

Wann ...?   Wo ...?

Wie ...?   Warum ...?

Ich kann sie beliebig oft
zu einem Thema stellen.

- In die Mitte schreibe ich mein Problem oder mein Thema.
- Dazu schreibe ich Fragen, auf die ich eine Antwort suche.

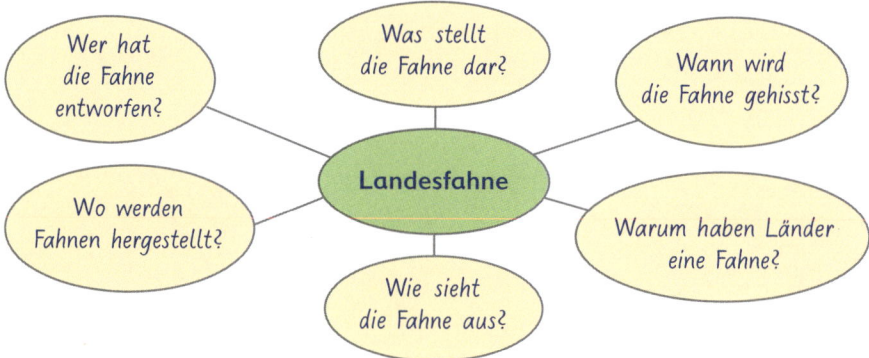

Wer hat die Fahne entworfen?

Was stellt die Fahne dar?

Wann wird die Fahne gehisst?

Wo werden Fahnen hergestellt?

Landesfahne

Warum haben Länder eine Fahne?

Wie sieht die Fahne aus?

- Später lese ich alle Fragen. Ähnliche Fragen oder solche, die mir nicht so wichtig sind, sortiere ich aus.
- Nun suche ich allein oder mit anderen nach Antworten.

Sich mit Themen und Problemen aktiv auseinandersetzen
und sich so inhaltlich orientieren: Fußball, Meine Freundin,
Unsere Landesfahne, Interessante Technik ...

Die Fünf-Hüte-Methode

Wollt ihr in der Gruppe ein Problem lösen, muss jeder versuchen, sich in die anderen hineinzuversetzen.
Dabei hilft euch ein Rollenspiel mit fünf Hüten.

Matteo hat beim Fußball gefault, darf er einfach weiterspielen?

- Jeder setzt einen Hut auf.
- Jeder verhält sich im Gespräch so, wie sein Hut es vorgibt.
- Nach einiger Zeit wechseln wir die Hüte.

 Ich lege mich nicht fest und bleibe neutral.

 Ich äußere heftig meine eigenen Gefühle.

 Ich zähle die schlechten Seiten von Matteo auf.

 Ich nenne die guten Seiten von Matteo.

 Ich schlage eine Lösung vor und dränge zur Entscheidung.

- Wir sprechen darüber, wie wir uns
  in den verschiedenen Rollen gefühlt haben.

Im Rollenspiel verstehen, dass Menschen in Problemsituationen unterschiedlich denken und handeln. Eigene Haltungen einschätzen lernen: Probleme und Konflikte im Alltag lösen …

Im Internet recherchieren

Recherchieren bedeutet:

sich informieren, etwas herausfinden, nachschlagen.

Im Internet gibt es dafür gute Suchmaschinen für Kinder.

Beachte: Jeder kann Informationen ins Internet stellen, ob richtig oder falsch. Prüfe deshalb die Informationen. Vergleiche sie mit Texten in Sachbüchern und Lexika. Frage auch Experten.

Ich gehe in diesen Schritten vor:

Schritt 1: Was will ich wissen?

Schritt 2: Welche Suchtechniken helfen mir?

Schritt 3: Welche Suchwörter gebe ich ein?

Schritt 4: Wie gehe ich mit den Suchergebnissen um?

Schritt 5: Wie werte ich die Informationen aus?

Kindersuchmaschinen

www.wdrmaus.de

www.blinde-kuh.de

www.fragfinn.de

www.helles-koepfchen.de

www.kindernetz.de

www.milkmoon.de

www.tivi.de/loewenzahn/

Informationen aus einem technischen Medium entnehmen, dabei angemessene Suchmaschinen nutzen, in Schritten vorgehen, Sicherheitshinweise beachten: über Tiere …

Im Internet recherchieren

- Ich suche Informationen für eine Präsentation zum Thema „Pferde":

1. den Internetzugang anklicken, auf der Startseite den Namen einer **Kindersuchmaschine** eingeben, auf **Suchen** klicken

2. in das Suchfenster der geöffneten Suchmaschine den **Suchbegriff** schreiben, auf das Wort neben dem Fenster klicken: **Suchen** oder **o.k.** oder **Finden** oder **Los**

3. auf der Seite **Links** zum Thema **auswählen** und anklicken, Seiten mit interessanten Informationen lesen oder zum Lesen ausdrucken

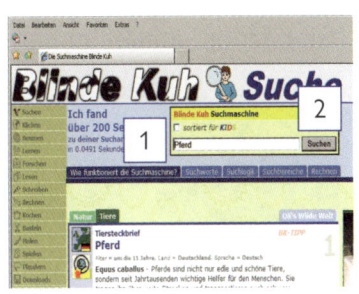

4. für die Präsentation **Informationen auswerten**, die Hinweise im Wegweiser, S.12: „Sachtexte verstehen", nutzen; zu den Informationen passende Bilder auswählen

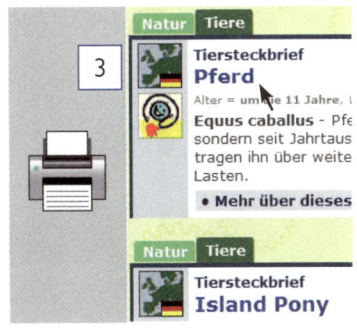

Zu einem Thema gezielt Informationen/Sachtexte und Bilder suchen, diese auswerten und aufbereiten: für einen Vortrag, eine Präsentation, einen Flyer, eine Ausstellung …

Langzeitbeobachtung einer Pflanze

1. Ich wähle ein Thema: „Wie eine Eichel auskeimt"
2. Ich plane, wann und wie lange ich den Vorgang beobachten will.
3. Ich organisiere Material,
   a) für den Versuch: Eicheln, Blumentopf, Wasser …
   b) für die Dokumentation: Fotoapparat, Papier …
4. Ich starte den Versuch und dokumentiere das Wachstum: mit Fotos, mit Zeichnungen, mit Texten, Tabellen …

Im Frühjahr ein paar geplatzte Eicheln sammeln

Eicheln auf eine Schale mit Erde legen

Die Erde ab und zu gießen, sodass sie feucht bleibt

Tag	Beobachtung
1	
4	
…	
…	

Beobachten und in einer Tabelle dokumentieren

Beobachten, wie und wann die Wurzel wächst

Beobachten, wie und wann der Spross treibt

Beobachten, wie und wann sich Blätter zeigen

Beobachten, wie schnell die Pflanze wächst

Etwas, das sich bewegt oder verändert, über einen längeren Zeitraum gezielt immer wieder ansehen und dokumentieren: das Keimen einer Pflanze, das Wachstum eines Kindes …

Ein Kreisdiagramm auswerten

Boden besteht aus mehreren Bodenarten, die sich
durch ihre Korngröße unterscheiden.
Mit Bodensieben, die kleinere
und größere Lochgrößen haben,
kann man Bestandteile
des Bodens voneinander trennen.

Siebt man 100 Gramm Boden,
erhält man unterschiedliche Anteile
an den verschiedenen Bodenarten.
Das Kreisdiagramm zeigt dies
an Kreisausschnitten in vier Farben.

Ich vergleiche die Bodenanteile.

Bodenanteil	Farbsymbol	Bodenart	Korngröße der Bodenart
am größten	🟨	Sand	wie Grieß oder Mehl
groß	🟦	Schluff	mit bloßem Auge nicht erkennbar
mittel	🟩	Ton	
klein	🟥	Kies	größer als ein Streichholzkopf

Auswertung: Sand bildet den größten Anteil
an der Bodenprobe, Schluff den zweitgrößten.
Die Probe enthält mehr Ton als Kies, aber weniger Ton
als Sand und Schluff. Kies hat den kleinsten Anteil.

Aus einer Kreisdarstellung Informationen ablesen
und auswerten: Bestandteile des Bodens, Anteile
unterschiedlicher Bäume in Wäldern, Ernährungskreis …

Ein Netzwerk gestalten

In unserer Welt findest du überall Sachen, die miteinander verbunden sind und zusammenhängen.

Nahrungsnetz

Freunde-Netzwerk

Netzplan

Ein Beispiel: Ich wähle ein Thema:
„Nahrungsnetz am Waldrand"

• Ich male zuerst Baum, Strauch und Kraut als Hintergrund – gut verteilt auf die Fläche.

• Ich male einige Tiere, die am Waldrand leben.

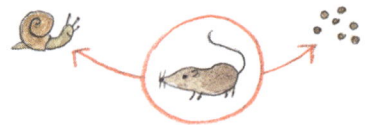

• Ich zeige mit farbigen Pfeilen wovon sie sich ernähren.

Es ergibt sich ein **Netzwerk**.

Eine netzartige Übersicht mit Signalwörtern oder Signalsätzen erstellen, dazu auch Bildchen zeichnen:
Nahrungsnetz am Waldrand, unser Straßennetz …

Nahrungsnetz am Waldrand

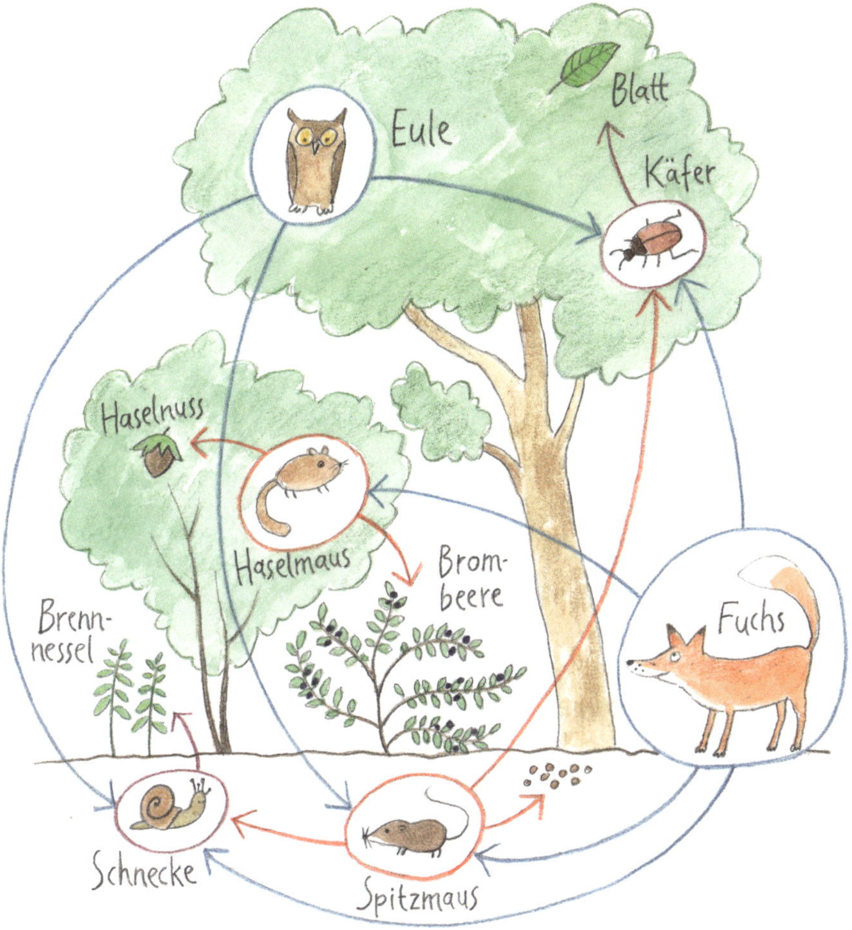

Eule

Blatt

Käfer

Haselnuss

Haselmaus

Brom-
beere

Fuchs

Brenn-
nessel

Schnecke

Spitzmaus

Zum Erstellen von Netzwerken auch Informationen aus dem
Internet (englisch: interconnected network) als weltweites
Netzwerk für den Datenaustausch nutzen: Nahrungsnetze …

9

An Modellen lernen

Männlicher Grasfrosch

Kirschblüte mit Frucht

Modelle stellen Originale in vergrößerten oder
verkleinerten und vereinfachten Formen dar.
Sie veranschaulichen zum Beispiel den Körperbau eines Tieres,
den Bau einer Blüte, die Teile einer Eisenbahn ...
Modelle helfen, das Original besser kennen zu lernen.

- Ich betrachte das Modell von allen Seiten.
- Ich betaste das Modell (Kirschblüte) und
  prüfe, ob ich es in seine Teile zerlegen kann.
- Ich beschreibe die Größen, die Formen
  und die Farben.
- Ich vergleiche Größen, Formen und Farben
  möglichst mit einem Original.

Zu einem gewählten Thema Erkenntnisse zum Aufbau von
Originalen gewinnen, dazu räumliche Anschauungsmittel nutzen.
Modelle betrachten, zerlegen, mit Originalen vergleichen ...

An Modellen lernen

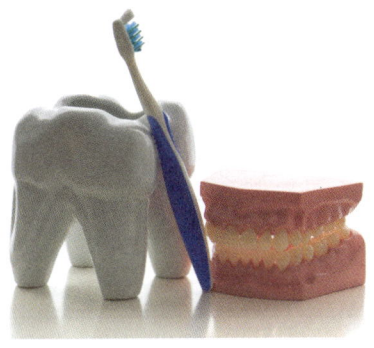

Zahnpflegemodelle

Modell eines Schulgeländes

An Funktionsmodellen kann ich etwas ausprobieren, zum Beispiel: Wie putze ich meine Zähne richtig?

Baue ich selbst ein Modell, erkenne ich, wie etwas aufgebaut ist und wie es funktioniert. Beispiel: „Unser Schulgelände".
Vor dem Bauen frage ich mich:

- Warum baue ich das Modell?
- Was will ich im Einzelnen gestalten?
- Welche Werkzeuge und Werkstoffe brauche ich?
- Woher bekomme ich die Materialien?
- Wofür nutzen wir das fertige Modell?

Hier entwerfen wir noch einen Spielhof.

Zu einem Thema durch räumliche Anschauungsmittel Erkenntnisse zu bestimmten Funktionen gewinnen: Modelle nutzen, bauen, beschreiben …

Einen Sachtext verstehen

- Ich lese den Text genau.

- Ich teile mein Notizblatt ein.
  In das untere Feld schreibe ich
  alle unbekannten Wörter.
  Ich informiere mich dazu
  und notiere Stichpunkte.

- Im Text markiere ich
  „Schlüsselwörter" –
  das sind wichtige Wörter.
  Ich schreibe sie in die
  Randspalte meines Blattes.

- Mit Hilfe der Schlüsselwörter
  wiederhole ich in Gedanken
  den Textinhalt.
  Gelingt mir das nicht, lese
  ich den Text noch einmal
  und ergänze Schlüsselwörter.

- Mit Hilfe der Schlüsselwörter
  notiere ich wichtige Sätze.

Leonardo da Vinci – der Künstler und Erfinder

Leonardo da Vinci war einer der bedeutendsten Künstler und Erfinder. Er hatte viele Berufe: Maler, Zeichner, Bildhauer, Architekt, Ingenieur, Naturforscher. Viele Geschichtsforscher meinen, da Vinci sei das außergewöhnlichste Genie aller Zeiten. Manche zweifeln aber auch: Kann ein einziger Mensch so viele unterschiedliche Talente und Begabungen haben? Wir werden es nie genau wissen.

Leonardo – der Maler
Dieses Bild heißt „Mona Lisa" und ist vermutlich das berühmteste Ölgemälde auf der Welt. Es hängt heute im Pariser Museum Louvre. Das Bild wurde auf dünnem Pappelholz gemalt und ist nur 76,8 cm x 53 cm groß. Die Dame auf dem Bild soll die Ehefrau eines Kaufmanns aus Florenz sein. Leonardo da Vinci erhielt den Auftrag, sie zu malen. Er arbeitete mit Unterbrechungen ungefähr 4 Jahre an diesem Bild. Es blieb in seinem Besitz.

Leonardo da Vinci
Geboren am 15. April 1452 in Anchiano bei Vinci. Gestorben am 2. Mai 1519 auf Schloss Clos Lucé, Amboise.
Auf dem Bild ist Leonardo da Vinci etwa 60 Jahre alt. Er hat sich selbst gemalt.

Leonardo – der Erfinder

• Kurze Textfassung:	• Schlüsselwörter
Leonardo da Vinci	Künstler
war als Künstler	Erfinder
und Erfinder ein	Genie
Genie.	
Sein berühmtes	
Ölbild, Mona Lisa,	„Mona Lisa"
hängt im Louvre	
in Paris.	
Er schrieb mit	
der linken Hand	Linkshänder
Notizen in Spie-	
gelschrift, um seine	Spiegelschrift
Ideen zu schützen	

• Unbekannte Wörter
Genie: Mensch mit großem Talent,
der außergewöhnliche Leistungen
vollbringt.
Louvre: …

Einen Text mit Hilfe von Markierungen und Schlüsselwörtern
erforschen und verstehen: Texte über Landschaften, zum
Zusammenleben der Menschen, über Natur und Technik …

Geschichtliche Quellen finden

Aus geschichtliche Quellen erfahren wir, was Menschen in früherer Zeit gebaut, gemalt, geschrieben, gegessen … haben.

• Ich suche und sammle zu verschiedenen Themen:

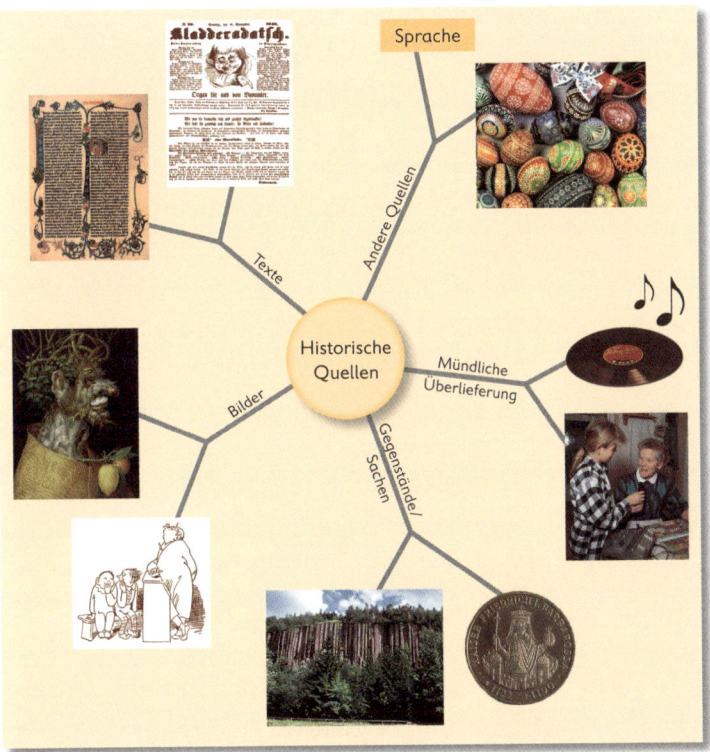

• Um eine Quelle zu enträtseln, stelle ich viele Fragen.
  Beispiel Foto: Wer oder was ist darauf zu sehen? …

Material aus der Vergangenheit sammeln und damit Einblicke in das Leben der Menschen in der Vergangenheit gewinnen: alte Bücher, Gegenstände, Bilder von Museumsstücken …

Einen Cluster erstellen

Cluster (sprich: klaster) heißt auch Büschel, denn er ist
wie ein Büschel aufgebaut. Du wählst ein Signalwort aus
und lässt dazu deinen Gedanken und Gefühlen freien Lauf.
So findest du immer mehr Wörter oder Wortgruppen,
die sich gedanklich mit deinem Signalwort verknüpfen lassen.

Ein Cluster zum Thema: Mein Land

- Ich schreibe das Signalwort in die Mitte eines Blattes und male einen Kreis darum. So beginnt mein Cluster:

- Ich schließe die Augen und überlege mir Wörter oder Wortgruppen, die zu meinem Signalwort passen.

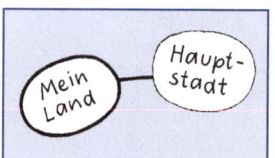

- Das erste Wort, das mir einfällt, schreibe ich auf und ziehe auch einen Kreis darum. Dann verbinde ich diesen Kreis mit dem Kreis um das Signalwort.

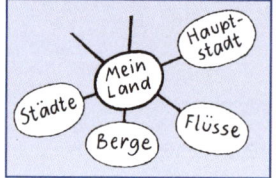

- Ich wiederhole den Vorgang mit weiteren passenden Wörtern. Alle meine Wortkreise verbinde ich mit dem Kreis, in dem mein Signalwort steht.

Zu einem Thema einzelne Wörter oder Wortgruppen finden,
die inhaltlich dazu passen, sie aufschreiben, einen Kreis darum
malen und büschelartig verzweigen, …

14

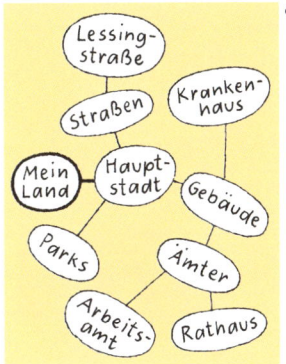

• An jeden meiner ersten Wortkreise
hänge ich nun weitere Wörter an
und male Kreise um sie.
So entstehen lange Wortketten oder
Wortbüschel. Fällt mir nichts mehr ein,
betrachte ich meinen Cluster:
Welche Wortkreise kann ich noch
gedanklich verknüpfen?
Diese verbinde ich ebenfalls.

Nun kann ich zum Cluster erzählen oder einen Text schreiben.

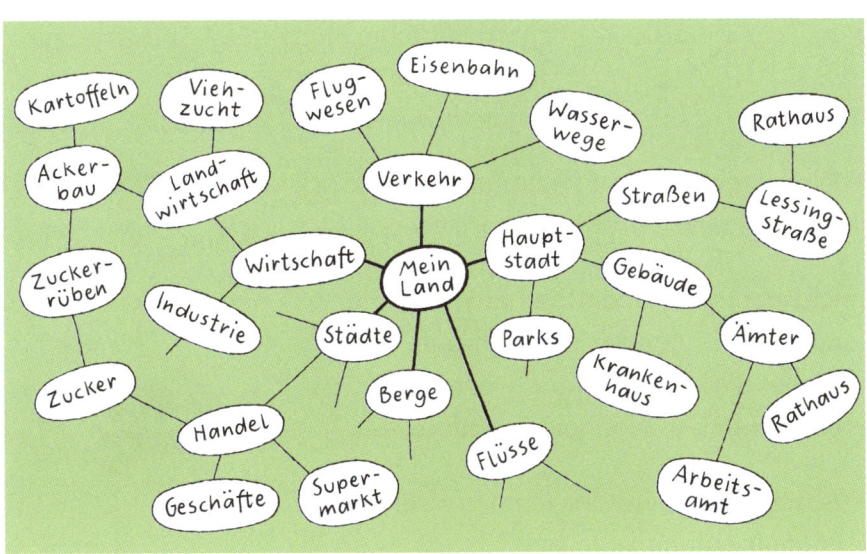

… die entstandene Zeichnung als Erzähl- oder Schreibimpuls
nutzen: Mein Land, Meine Klasse, Meine Familie, Ferien,
Ostern, Medien …

Einen Kreislauf erklären

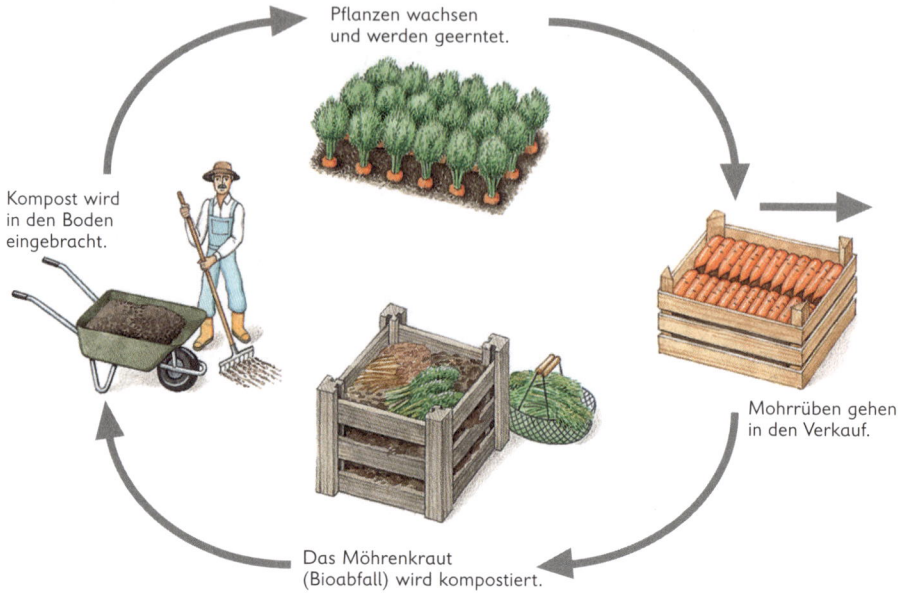

Pflanzen wachsen und werden geerntet.

Kompost wird in den Boden eingebracht.

Mohrrüben gehen in den Verkauf.

Das Möhrenkraut (Bioabfall) wird kompostiert.

- Ich betrachte alle Pfeile und entdecke, dass sie einen Kreislauf markieren.

- Ich suche mir einen Pfeil aus und folge mit dem Finger der Pfeilrichtung. Dabei lese ich die Signalwörter und betrachte die zugehörigen Bildteile.

Kompost wird in den Boden eingebracht.

- Abschließend erkläre ich den Kreislauf in Pfeilrichtung.

Einem Schema zu einem Kreislauf Informationen entnehmen, auswerten und erklären: Stoffkreislauf in der Natur, Kreislauf von Mehrwegflaschen, Blutkreislauf, Wasserkreislauf …

Leben am Waldrand – Nahrungsketten

Die Meise frisst die Raupe
eines Eichenwicklers. Die Raupe
hat vorher am Eichenblatt genagt.
Pflanzen und Tiere sind in einer
Nahrungskette miteinander verbunden.

1 1 ✏ Betrachte die Nahrungskette im Bild.
Nummeriere die richtige Reihenfolge 1–5:

☐ Die Amsel lässt sich von der Warnfarbe „Rot"
nicht abschrecken und frisst Marienkäfer.

☐ Der Habicht erbeutet eine Amsel im Sturzflug.
Er rupft seine Beute sorgfältig
und verspeist kleine Fleischbrocken.

☐ Am Rosenblatt sitzen Blattläuse.
Sie ernähren sich vom Pflanzensaft,
den sie aus dem Blatt saugen.

☐ Der Marder ist ein Eierräuber.
Er stiehlt Eier aus dem Gelege des Habichts.

☐ Ein erwachsener Marienkäfer vertilgt täglich
bis zu 60 Blattläuse. Er spritzt Verdauungssaft
in jede Laus und saugt sie aus.

2 ✏ Schreibe und zeichne eine Nahrungskette auf.

⭐ 🌐 Gestaltet ein Plakat zum Thema: *Nahrungskette oder Nahrungsnetz*

 Nahrungsbeziehungen zwischen Tieren und Pflanzen erkennen;
eine Nahrungskette aufschreiben bzw. aufzeichnen;
ein Plakat zu Nahrungskette oder Nahrungsnetz gestalten

S. 8, S. 9

3

Pflanzen des Waldes – Wissenstest

1 Erkenne die Waldpflanzen. Nutze dafür Bestimmungsbücher oder das Internet.
Ergänze die Angaben unter den Bildern und den Merksatz.

Name: _____

Blütenfarbe: *gelbgrün, bräunlich*

Blattform: _____

Name: _____

Blütenfarbe: _____

Blattform: *gefiedert*

Name: *Windröschen*

Blütenfarbe: _____

Blattform: _____

Name: *Wald*

Blütenfarbe: _____

Blattform: *förmige Teilblätter*

Pflanzen, die nur wenig Licht brauchen, um wachsen zu können,

heißen _____ .

Pflanzen, die bei vollem und reichlichem Licht gut gedeihen,

heißen _____ .

Ausgewählte Pflanzen des Waldes am Erscheinungsbild bestimmen:
Name, Blütenfarbe, Blattform;
4 Merksatz vervollständigen: Licht- und Schattenpflanzen

S. 4, S. 5

Tiere des Waldes

1 🖊 Setze die Nummern richtig an die Tiernamen.

2 👄 Beschreibe, in welchen Stockwerken des Waldes die Tiere leben.

☐ Waldeidechse

☐ Buntspecht

☐ Eichhörnchen

☐ Schnirkelschnecke

☐ Waldkauz

☐ Eichelhäher

☐ Waldameise

☐ Tagpfauenauge

☐ Springschwanz

☐ Rötelmaus

☐ Blindschleiche

☐ Wildschwein

☐ Rotfuchs

☐ Kreuzspinne

☐ Reh

 🖊 Welche dieser Tiere säugen ihre Jungen? Markiere die Namen.

Tiere des Waldes mehrsinnig erleben; Lebensraum der Tiere in den Stockwerken
des Waldes benennen; ausgewählte Waldtiere, die ihre Jungen säugen, kennen;
Informationen aus Medien suchen

 **S. 4, S. 5**

5

Spuren und Zeichen der Tiere des Waldes

1 Beschreibe die Bilder. Ergänze Wörter aus der Jägersprache.

Diese _____ hinterließ ein Eichhörnchen.

Mit ihrer _____ markieren Füchse ihr Revier.

Hier ist das _____ einer Amsel zu sehen.

Diese _____ zeigt: Ein Rothirsch ist geflüchtet.

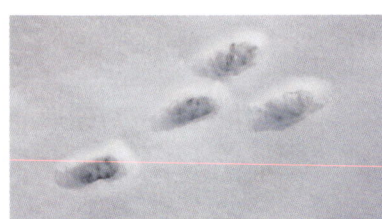

Diese _____ hinterließ ein hoppelnder Hase.

Das _____ hat eine Schleiereule ausgewürgt.

Hier lege ich eine Geruchsspur.

Im Wald leben viele Tiere. Man sieht sie kaum, aber ich kann diese Spuren und

Zeichen finden: _____

_____ .

⭐ 🌍 Gestaltet ein Plakat zum Thema: *Welches Tier war hier?*

Spuren und Zeichen der Tiere des Waldes kennen lernen;
Bilder beschreiben, Begriffe zuordnen;
dazu Informationen aus Büchern und dem Internet suchen

S. 4, S. 5

Mauerasseln auf der Spur

1 Asseln sind Humusbildner. Nur in Massen können sie auch schädlich sein.
Beobachtet und erforscht Mauerasseln. Nutzt verschiedene Medien.

Die Mauerassel

Körperform: _____ ,

_____

Körperbedeckung: _____ ,

_____ *Rückenschildchen*

Körperfarben: _____

_____

_____

Körperlänge: etwa _____ bis _____ mm

Anzahl der Laufbeinpaare: _____

Augen: _____ am _____

Anzahl der Antennen: *2 Paar* _____

Mundwerkzeuge: *am Kopf* _____

Trage die Nummern richtig ein.

1 Auge	4 Mund	
2 Antenne	5 Laufbein	
3 Antenne	6 Hinterleibsplatte	

Tipp: Gebt eine Assel kurze Zeit
in ein Reagenzglas mit Stopfen.
Beobachtet sie genau.

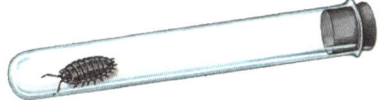

Wo leben Mauerasseln gern?

Setzt Asseln in eine große
Streichholzschachtel.
Schließt und öffnet diese.
Beobachtet:

Legt in eine Plastikschale
Filterpapier: halb trocken,
halb nass. Setzt Asseln darauf.
Beobachtet:

Asseln leben gern im

_____

Asseln leben gern im

_____

Was fressen Asseln?

_____

_____

_____

_____

Ein Kleinstlebewesen, das zur Humusbildung beiträgt, kennen lernen;
Beobachtungen durchführen und einen Steckbrief schreiben,
dazu auch Medien nutzen

S. 4, S. 5

Kartoffeln erforschen

 Erforsche eine Kartoffel mit den Sinnen.

Kann man eine Kartoffel auch hören?

Ich fühle: _____

Ich sehe: _____

Ich schmecke: _____

Ich rieche: _____

Kartoffeln mit und ohne Schale

Frage: Warum hat die Kartoffel eine Schale?

Ich vermute: _____

Ich brauche:

einen Teller

 ein Messer

 2 Kartoffeln

 eine Waage

So gehe ich vor:
- Ich schäle eine Kartoffel und lege sie neben die ungeschälte Kartoffel auf den Teller.
- Ich wiege vier Tage lang täglich je einmal die geschälte und die ungeschälte Kartoffel.
- Ich trage das jeweilige Gewicht in die Tabelle ein.

Ich beobachte:

	Das Kartoffelgewicht am				Ergebnis: Das Gewicht
	1. Tag	2. Tag	3. Tag	4. Tag	
Kartoffel mit Schale	_____ g	_____ g	_____ g	_____ g	
Kartoffel ohne Schale	_____ g	_____ g	_____ g	_____ g	

Ich erkläre: _____

_____

Kartoffelknolle mit den Sinnen wahrnehmen, Ergebnisse dokumentieren; mit Hilfe eines Experiments begründen, warum die Kartoffel eine Schale hat

 S.6

Medien auswählen

... mein Radio ansehe?

1 Medien geben Informationen auf unterschiedliche Weise weiter.
Fülle die Tabelle aus: Kreuze an und ergänze.

Medium	Informiert durch			Ich informiere mich, indem ich ...
	Schrift	Bild	Ton	
Radio	☐	☐	☐	
Zeitung	☐	☐	☐	
Fernseher	☐	☐	☐	
Sachbuch	☐	☐	☐	
	☐	☐	☐	
	☐	☐	☐	

2 Diskutiert: Welches Medium informiert in solchen Situationen besser?
- Mitten in einem spannenden Fußballspiel fällt das Fernsehbild aus.
  Der Reporter berichtet von diesem Spiel ohne Bild weiter.

- Du solltest in allen Klassen Plakate für den
  Kuchenbasar verteilen. Leider hast du sie
  vergessen und musst nun ohne die Plakate
  informieren. Du kannst gerade noch einen
  Merkzettel schreiben. Trage deine Information vor.

> *Was ist geplant?*
> *Ort:*
> *Zeit:*
> *Weitere Infos:*

⭐ Diskutiert eigene Beispiele: ein Tier beschreiben/ein Foto dazu ansehen ...

3 Welche Erfahrung hast du? Notiere auf einem Extrablatt nach diesem Muster:

Medium	*Vorteile*	*Nachteile*
Handy		
E-Mail		

Medienangebote kritisch prüfen;
Medien bewerten und begründet auswählen;
Vor- und Nachteile ausgewählter Medien analysieren

 S.3

9

Kinderrechte im Alltag

Familie und elterliche Fürsorge

Spiel und Freizeit

Gleichbehandlung

ein sicheres Zuhause

Freie Meinungsäußerung

Hilfe bei Katastrophen und in Notlagen

Bildung und Ausbildung

Betreuung bei Behinderung

Schutz vor wirtschaftlicher und sexueller Ausbeutung

Schutz der Gesundheit

1 🖊 Schreibe deine Meinung zu den Szenen auf.
Verbinde sie mit Kinderrechten.

Du musst aber noch schneller werden.

Ein Beispiel aus Bangladesch

_____

Mein Bruder muss nie zu Hause helfen!

Ein Beispiel aus Deutschland

Wann ist Schule?

Ein Beispiel aus Afghanistan

Zu Kinderrechten
eine eigene Meinung notieren;
die Beispiele auf die Rechte der Kinder beziehen

Wie wetterfest ist unsere Kleidung?

1 Vervollständige den Text im Merkkasten:
Kälte   Regen   schick   Textilherstellung   Wetterfestigkeit

Unsere Bekleidung soll nicht nur _____ aussehen, sondern auch

schlau sein und vor Hitze und _____, Wind und _____

schützen. Deshalb forschen Wissenschaftler zur _____

und testen neu entwickelte Textilien auf ihre _____.

2 Teste Textilien auf ihre Wetterfestigkeit:
Wärmeisolierung, Luftdurchlässigkeit, Wasserdichte.
Nutze dazu das Schülerbuch Seite 38.

Frierst
du?

3 Schreibe zu einem Test ein Protokoll,
zum Beispiel zur Wasserdichte.
Notiere in Stichpunkten und Skizzen den Testablauf.

Textilstück: _____   Test auf: _____

Testablauf: _____

_____

_____

_____

Ergebnis: _____

_____

_____

Den Merkkasten vervollständigen; über den Nutzen einer Textilprüfung sprechen;
Textilien auf ihre Wetterfestigkeit prüfen;
ein Protokoll zu einer Textilprüfung schreiben

Erfindungen, die vom Wetter unabhängiger machen

1 Erkunde, wie die Geräte funktionieren. Beschreibe ihre Wirkung.
Finde selbst ein weiteres Beispiel.

Geräte	Wirkung

 Wähle ein Beispiel aus der Tabelle aus. Recherchiere, welche vergleichbaren
Geräte die Menschen früher nutzten.

Wirkung von Geräten erkunden und beschreiben,
die die Menschen unabhängiger vom Wetter machen;
früher und heute vergleichen

 S. 4, S. 5

Was mein Körper leistet

1 Beobachte einen Tag lang, was dein Körper von Kopf bis Fuß leistet.
Notiere es in einer Tabelle auf einem Extrablatt.

Tätigkeit	Zeit
schlafen	
im Unterricht aufpassen	
spielen	
…	

2 So sah Luzies Tätigkeitsdiagramm am Montag aus.
Werte das Säulendiagramm auf einem Extrablatt aus. Was erfährst du?

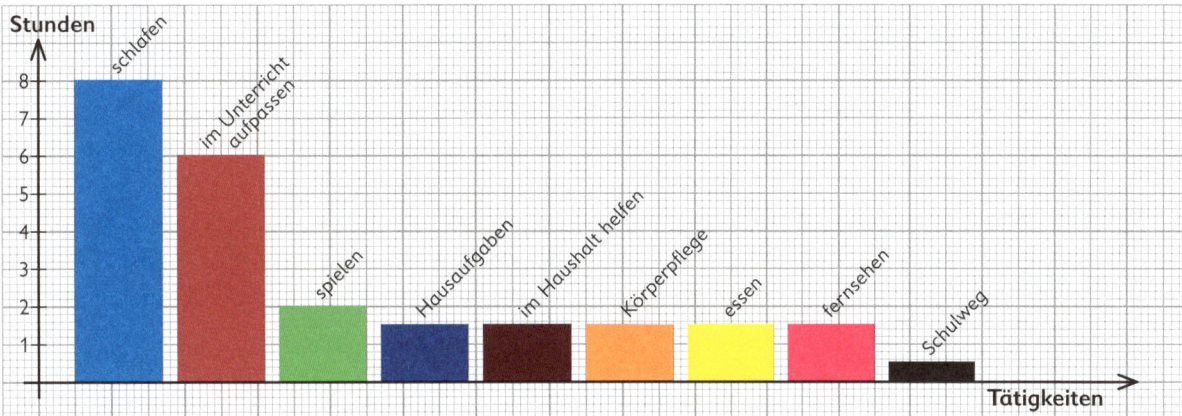

3 Gestalte hier dein Tätigkeitsdiagramm. Nutze deine Notizen von Aufgabe 1.

Mein Tätigkeitsdiagramm

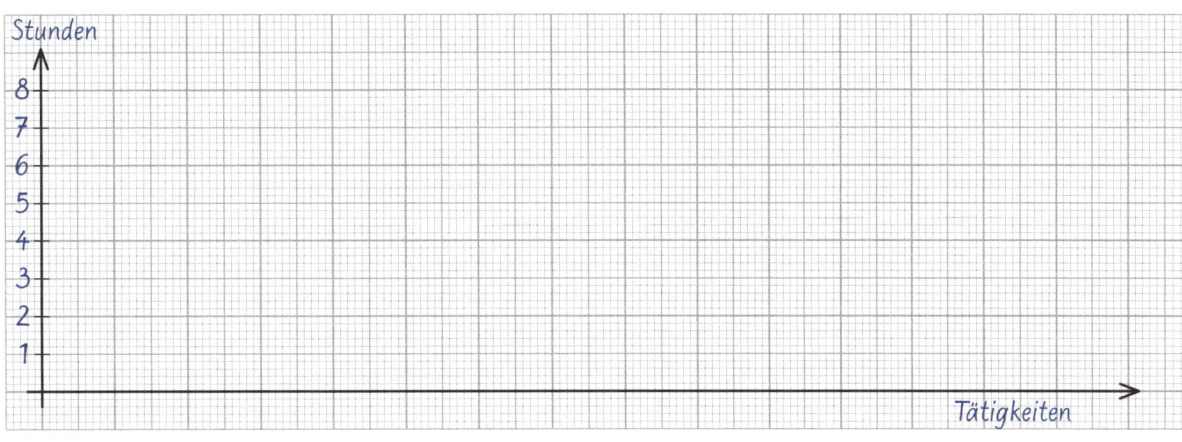

 Vergleicht eure Tätigkeitsdiagramme und sprecht darüber.

Durch bewusste, schriftlich fixierte Tätigkeitsanalyse
eigene Möglichkeiten
der Selbstregulierung finden und diskutieren

Stark sein

Ich stelle
mir vor, …

1 Lies diese Informationen aus Medien. Notiere Stichpunkte:

Trinken bis zum Umfallen?

Es werden immer mehr. Das Statistische
Bundesamt hat für … 2009 die Zahl der
akuten Alkoholvergiftungen bei Kindern und
Jugendlichen bekannt gegeben. Demnach
mussten 26 400 junge Menschen im Alter
zwischen 10 und 20 Jahren im Krankenhaus
behandelt werden. Alarmierend ist
der Vergleich mit dem Jahr 2000 –
damals waren es nur 9 500.

Aus einer Zeitschrift

_____

_____

_____

So bin ich stark: _____

_____

Zu dick, normal, zu dünn?

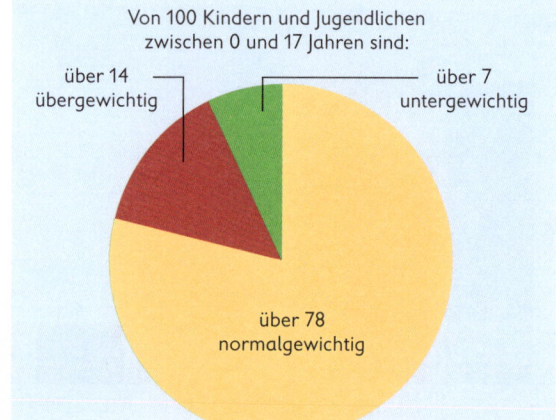

Von 100 Kindern und Jugendlichen
zwischen 0 und 17 Jahren sind:

über 14
übergewichtig

über 7
untergewichtig

über 78
normalgewichtig

Nach einer Statistik

_____

So bin ich stark: _____

_____

Rauchen – warum?

… weil man Freunde findet.

… weil die Eltern
auch rauchen.

… weil die Werbung
cool ist.

… weil es
gegen Stress hilft.

Meinungen aus dem Internet

_____

_____

_____

So bin ich stark: _____

Gesundheitsschädigende Einflüsse durch Alkohol, Rauchen
und ungesundes Essen erkennen; sich schriftlich zu gesunder Lebensweise äußern;
Möglichkeiten der Vorbeugung benennen

S. 7

Die Zeit der Pubertät

1 🖊 Suche im Lexikon oder im Internet den Begriff „Pubertät".
Notiere dein Ergebnis in Stichpunkten.

In der Pubertät verändern sich Kinder: _____

_____

_____

2 🌐 Lest, was Paula und Max erlebt haben. Tauscht eure Meinungen dazu aus.

Paula schreibt in ihr Tagebuch: Das erlebt Max in der Schule:

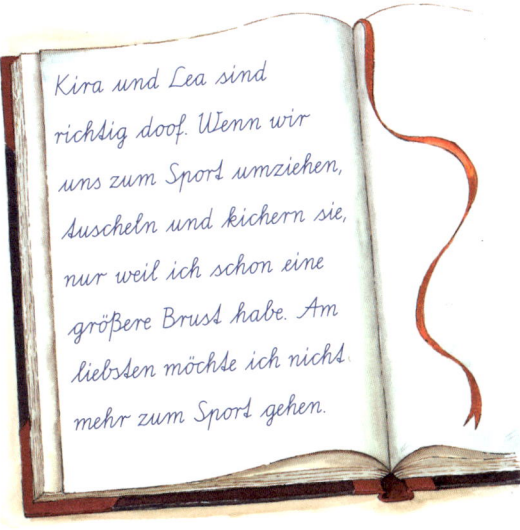

Kira und Lea sind richtig doof. Wenn wir uns zum Sport umziehen, tuscheln und kichern sie, nur weil ich schon eine größere Brust habe. Am liebsten möchte ich nicht mehr zum Sport gehen.

3 🖊 Schreibe hier ein eigenes Erlebnis auf.

Mein Erlebnis

_____

_____

_____

_____

⭐ 🖐 Finde heraus, wer dein Sorgentröster sein könnte.

Hast du Sorgen?

Veränderung des Körpers und des Verhaltens
in der Pubertät begreifen; Ereignisse in dieser Zeit
bewerten; eigene Erlebnisse reflektieren

 S.3, S.4, S.5

Mädchen sind anders – Jungen auch

1 Betrachte die Bilder und lies die Texte. Bearbeite die Aufgaben.

Manchmal beschimpft ihr euch.

Zicke!

Blödmann!

**Warum eigentlich?
Mädchen und Jungen können auch
nett miteinander umgehen.
Meine Wörter und Sätze dazu:**

**Diesen Menschen
würde ich mein Geheimnis erzählen:**

**Manche Geheimnisse
vertraut man nicht jedem an.**

Ich bin total
verliebt!

**Bei manchen Menschen
magst du nicht, dass sie dir
zu nahe kommen.**

Na, soll ich
dir helfen?

**Du entscheidest,
wer dir nahe kommen darf.
Das sind zum Beispiel:**

Verhaltensänderungen in der Pubertät wahrnehmen und bewerten;
gegenseitige Achtung und Wertschätzung fördern;
Wahrung der Intimsphäre diskutieren

16

 S. 3

Kennst du dich aus in Mecklenburg-Vorpommern?

1	Landesflagge von Mecklenburg-Vorpommern	A	E	C
2	stehendes Gewässer in unserem Land	B (Ostsee, Rostock)	I (Müritz)	L (Lübtheen, Gegend, Ludwigsluster Kanal, Malliß)
3	Ort an der Deutschen Alleenstraße unseres Landes	N **Grimmen**	D **Ludwigslust**	G **Burg Stargard**
4	Sitz des Landtages	F Rostock	E Schwerin	H Greifswald
5	Wappen der Landeshauptstadt	K	E	M
6	ein bekannter plattdeutschen Dichter	S **Friedrich Schiller**	R **Astrid Lindgren**	A **Fritz Reuter**
7	wichtiger Wirtschaftszweig	T Landwirtschaft	N Autoindustrie	O Textilherstellung
8	längste Autobahn durch das Land	P 19	L 20	E 24
9	eine Halbinsel unseres Landes	A (Fischland, Darß, Zingst)	B (Pommersche Bucht, Usedom, Stettiner Haff)	U (Hiddensee)
10	Ort in der Mecklenburgischen Schweiz	S **Malchin**	N **Grevesmühlen**	W **Pasewalk**

1 ✏️ Markiere die Lösungsbuchstaben. Schreibe sie in die Kästchen.
Sie ergänzen folgenden Satz:

1	2	3	4	5		6	7	8	9	10

Schlage nach im Schulbuch oder in _____ .

Der Landeskarte/dem Atlas Informationen entnehmen; weitere Informationen zum Land erfragen oder nachschlagen; ein Quiz lösen

 S. 4, S. 5

Mecklenburg-Vorpommern in Deutschland

DÄNEMARK
Ostsee
Nordsee
Schleswig-Holstein
Hamburg
Mecklenburg-Vorpommern
NIEDER-LANDE
Bremen
Niedersachsen
Brandenburg
POLEN
Berlin
Nordrhein-Westfalen
Sachsen-Anhalt
BELG.
Hessen
Thüringen
Sachsen
Rheinland-Pfalz
LUX.
TSCHECHISCHE REPUBLIK
Saarland
Pfalz
FRANKREICH
Baden-Württemberg
Bayern
ÖSTERREICH
SCHWEIZ

Ostsee

DÄNEMARK

Holeby
Rødby
Nysted
Væggerlose
Rødbyhavn
Lolland
Falster
Fehmarnbelt
Gedser
Kaliningrad, Klaipeda, St. Petersburg
Helsinki, Liepaja, Trelleborg
Gdynia, Helsinki, Trelleborg, Ventspils
Fehmarn
Fehmarn
Heiligenhafen
Großenbrode
Gremersdorf
Neukirchen
Heringsdorf
Mecklenburger Bucht
Wustrow
Dierhagen
Graal-Müritz
Rostocker Heide
Dahme
Rib. Damg.
Gelbens.
Röversh.
Kellenhusen (Ostsee)
Kühlungsborn
Elmenhorst/Lichtenhagen
Rostock
Grömitz
Bastorf
Börgerende-Rethwisch
Admannsh.
Bentwisch
Rerik
Kühlung
Bad Doberan
Bargeshg.
Broderstorf
Sa.
Lübecker Bucht
Wustrow
Lambrechtshagen
66
Kröpelin
Kritzmow
Papendorf
43
Wismar-bucht
Neubukow
Kavelstorf
Dummerstorf
Timmendorfer Strand
Klützer
Boltenhagen
Insel Poel
Blowatz
Satow
Schwaan
Laa.
Ahrensbök
Pronstorf
Bad Schwartau
Ratekau
Kalkhorst
Winkel
Klütz
Poel
Neuburg
118
52
Schmooks.
Wahlstedt
Klein Ronnau
Stöckelsdorf
Dassow
Gägelow
Wismar
Lübow
Hohe Burg 147
Bützow
Lüssow
127
Hartenholm
Bad Segeberg
75
Selmsdorf
112
Dorf Mecklenburg
Neukloster
102
Leezen
Seth
Reinfeld (Holstein)
Lübeck
83
Schönberg
Grevesmühlen
Groß Stieten
Warin
Gülzow-Prüzen
Güstrow
Sülfeld
Lüdersdorf
Groß Kleinen
Mecklenburg
Nahe
Bargfeld-Stegen
Bad Oldesloe
Groß Grönau
Bobitz
91
Waker-dorf II
Elmenhorst
Pölitz
Krummesse
Rehna
Carlow
Alt Metelin
Brüel
Lübstorf
Sternberg
Laler
Tangstedt
Tremsbüttel
66
Ratzeburger
Schlagsdorf
Gadebusch
95
Schweriner
Dabel
Krakow am See
Ammersbek
Hammoor
Todendorf
Sandesneben
Ratzeburg
77
Brüsewitz
Demen
Dobbertin
Krakow
Ahrensburg
Großhansdorf
Linau
Lützow
Leezen
Mestlin
Wan.
Lütjensee
Trittau
Breitenfelde
Mölln
Wittenförden
See
Pinnow
Goldberg
80
Hamburg
Barsbüttel
Gudow
Schwerin
Plate
Crivitz
88
Oststeinbek
Glinde
Aumühle
Schwarzen-bek
Wittendörp
Rampow
Banzkow
Tramm
Domsühl
Lübz
Plau am See
Matchow
Reinbek
Wentorf
Büchen
Zarrentin am Schaalsee
Wittenburg
49
Lewitzrand
Spornitz
Parchim
Buchberg
118
Dassendorf
Escheburg
102
Hagenow
Rastow
Lewitz
124
Siggelkow
Gülzow
Geesthacht
Nostorf
Boizenburg/Elbe
Vellahn
86
Neustadt-Glewe
Langer Berg
Stelle
Marschacht
Lauenburg/Elbe
65
Griese
Groß Laasch
Meyenburg
Seevetal
Artlenburg (Flecken)
Winsen
Ludwigslust
Ruhner Berge 176
Suckow
Freyenstein
153
Lübtheen
Gegend
Grabow
Berge
Putlitz
Lüneburg
Bardowick (Flecken)
Scharnebeck
Bleckede
Mallß
70
Eldena
63
29
Groß Pankow (Prignitz)
Pritzwalk
Salzhausen
Reppenstedt
Adendorf
Reinstorf
Neetze
Amt Neuhaus
84
Butterberg 128
Egestorf
Melbeck
92
Neu Darchau
Dahlenburg (Flecken)
108
Neu Kaliß
Karstädt
Perleberg
Amelinghausen
Bienenbüttel
94
Zernien
Hitzacker (Elbe)
40
Lenzen (Elbe)
Brandenburg
Ebstorf (Flecken)
Bad Bevensen
Himbergen
142
Dannenberg (Elbe)
Dömitz
33
Göhrde
Weisen
Wittenberge
Gumtow
Munster
Rosche
Niedersachsen
Schnackenburg
Pri...
Uelzen
Trebel
Wendland

A
B
Profillinie in der Karte
Helpter Berge 179 m
Rostock
A Ostsee
Breitling
Recknitz
Peene
Peene
Kummerower See
Augraben
Tollense
Datze

Landhöhen

	über 150 m
	100 m – 150 m
	80 m – 100 m
	60 m – 80 m
	40 m – 60 m
	20 m – 40 m
	unter 20 m

Profil ca. 60 fach überhöht

Randow B

107 Höhenpunkt mit Höhenzahl

Meerestiefen

	0 m – 10 m
	10 m – 20 m
	über 20 m

25 Tiefenzahl

Gewässer

Fluss
See
Kanal

Orte Einwohnern

	100 000 – 250 000
	50 000 – 100 000
	20 000 – 50 000
	10 000 – 20 000
	5 000 – 10 000
	2 500 – 5 000
	unter 2 500

Verkehr

Eisenbahn (Hauptlinie)
Eisenbahn (Nebenlinie)
Autobahn mit Auffahrt
Autobahn im Bau
Bundesstraße und Fernverkehrsstraße
Eisenbahnfähre
Autofähre

Grenzen

Staatsgrenze
Landesgrenze
Kreisgrenze

Schwerin
Landeshauptstadt

Rostock
Kreisfreie Stadt

Parchim
Kreisstadt

0 5 10 15 20 25 30 35 40 km

Stand: Juni 2011

Auf der Karte von Mecklenburg-Vorpommern entdeckt

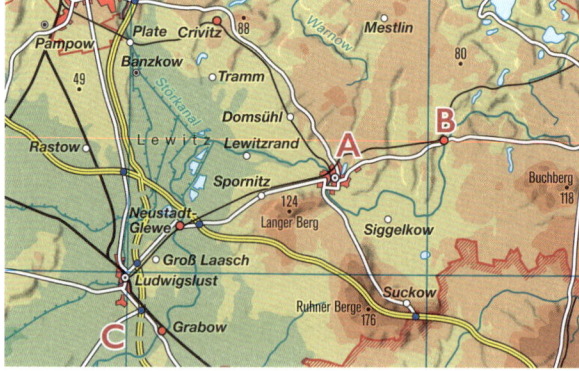

Planquadrate: _____

Ort **A**: _____

Ort **B**: _____

Gewässer **C**: _____

Ich entdecke noch:

_____

Planquadrate: _____

Ort **A**: _____

Ort **B**: _____

Gewässer **C**: _____

Ich entdecke noch:

_____

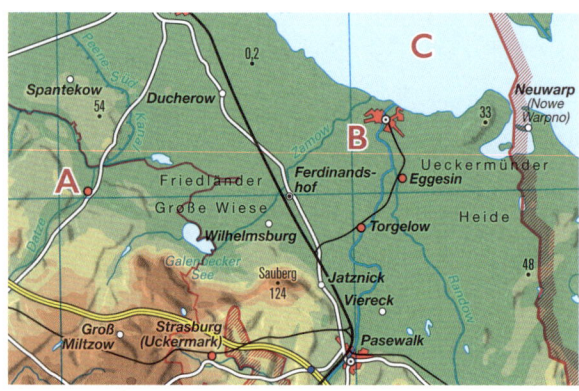

Planquadrate: _____

Ort **A**: _____

Ort **B**: _____

Gewässer **C**: _____

Ich entdecke noch:

_____

Planquadrate: _____

Ort **A**: _____

Ort **B**: _____

Gewässer **C**: _____

Ich entdecke noch:

_____

Kartenausschnitte auf der Landeskarte finden,
lesen und ihnen Informationen entnehmen;
Beschreibungen vergleichen

Im Stadtplan arbeiten

Im Stadtplan findest du einen Platz oder eine Straße mit Hilfe der Nummern und Buchstaben am Rand. Im Verzeichnis des Stadtplans steht zum Beispiel **Salzstraße: C 3**. Suche die **Spalte C** und die **Zeile 3**. Im Planquadrat **C 3** findest du die **Salzstraße**.

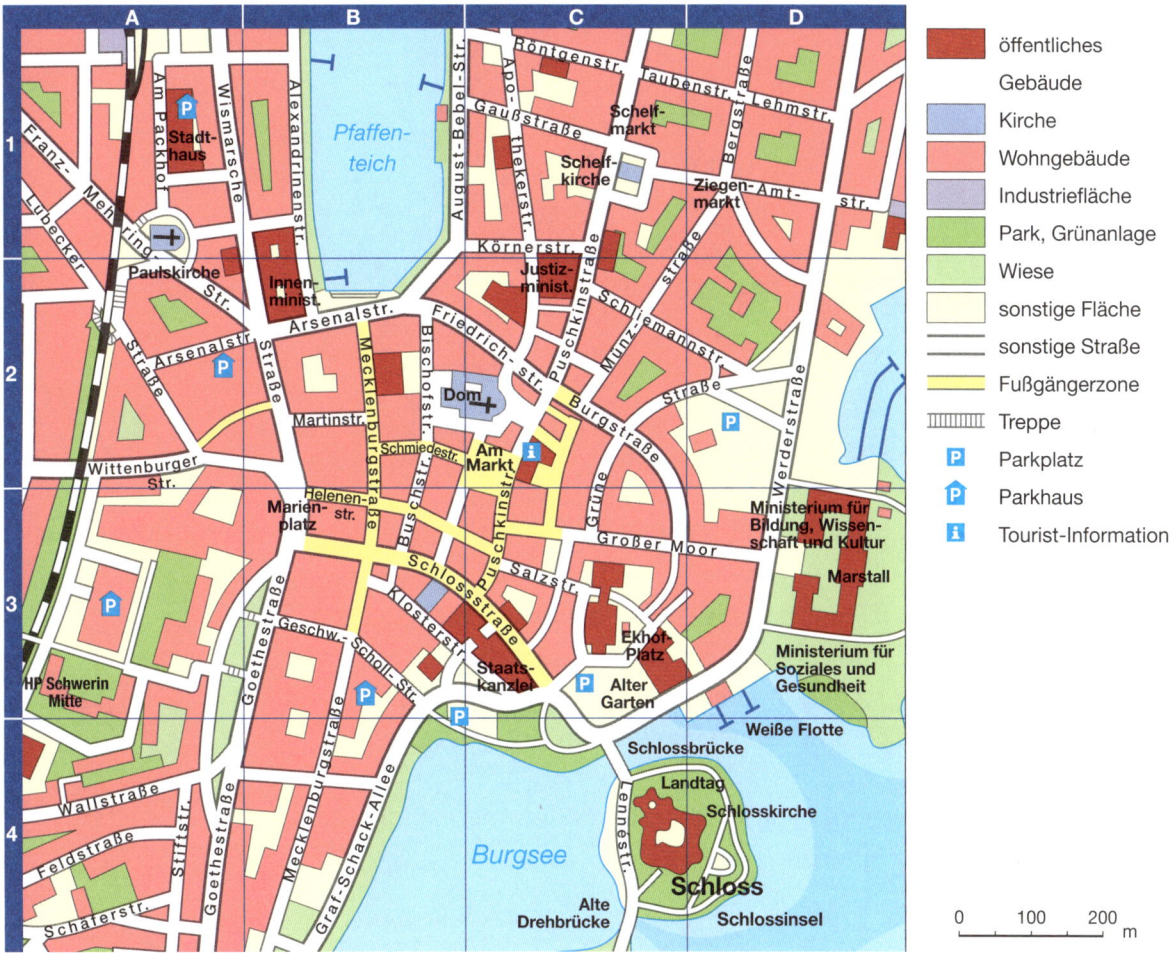

1 In welchen Planquadraten liegen diese Straßen?

Wallstraße ☐   Großer Moor ☐

2 Trage ein, in welchen Planquadraten diese Sehenswürdigkeiten liegen.

Marstall   Pfaffenteich   Schloss   Dom   Denkmal am Markt

3 Zeichne einen Rundgang zu den Sehenswürdigkeiten in den Plan.

Hansestädte an unserer Ostseeküste

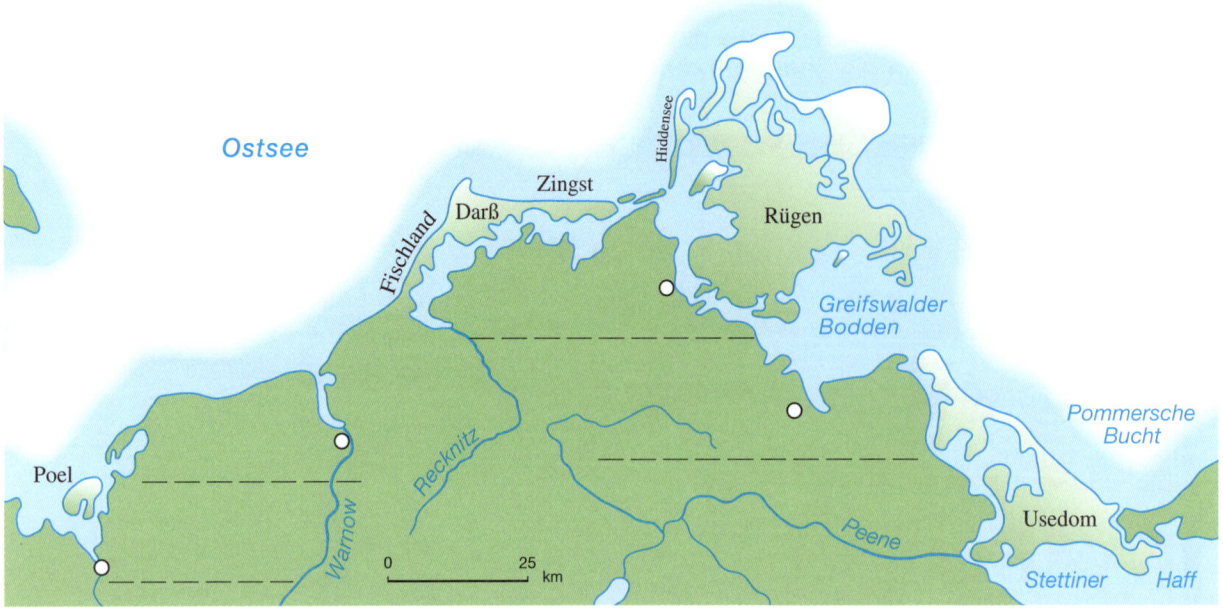

1 Schreibe die Namen der großen Hansestädte in die Karte.

2 In zwei dieser Hansestädte sind einzigartige alte Kirchen,
Häuser und Stadtmauern erhalten geblieben.
Beide Städte stehen in der Liste des UNESCO-Weltkulturerbes.
Informiere dich und kennzeichne sie in der Karte.

3 Begründe, warum einige Städte den Beinamen „Hansestadt" führen dürfen.
Nutze das Schülerbuch Seite 65.

Die _____

ist das Symbol der Hanse.

 Schreibe zu einer Sehenswürdigkeit in einer Hansestadt einen Steckbrief.
Nutze ein Extrablatt.

Hansestädte an der Ostsee benennen, Weltkulturerbe-Städte kennzeichnen,
Beinamen „Hansestadt" begründen;
eine Sehenswürdigkeit in einer Hansestadt beschreiben

S. 4, S. 5

Landschaften und Gewässer in Mecklenburg-Vorpommern

1 Vervollständige die Lückentexte.

In der Griese-_____ gibt es

Felder, Wälder, Heide und Moor.

Dieses flache Land liegt im Süd_____
Mecklenburgs im **Tiefland**.

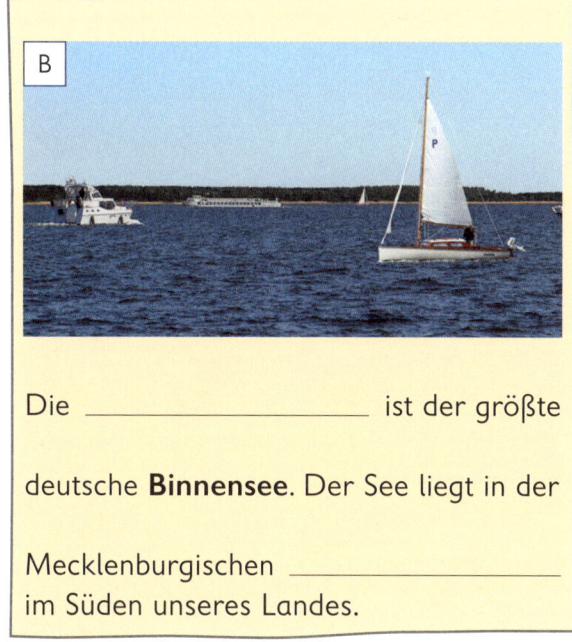

Die _____ ist der größte

deutsche **Binnensee**. Der See liegt in der

Mecklenburgischen _____
im Süden unseres Landes.

2 Stelle eine Landschaft und ein Gewässer aus deiner Gegend vor.
Schreibe und male dazu. Du kannst auch Bilder einkleben.

C **Landschaft**

D **Gewässer**

Ausgewählte Landschaften und Gewässer
des Landes Mecklenburg-Vorpommern und ihre Besonderheiten
kennen und beschreiben

Landschaften und Gewässer auf der Karte

1 Trage die Landschaften und Gewässer von S. 23 mit A, B, C, D in diese Karte ein.

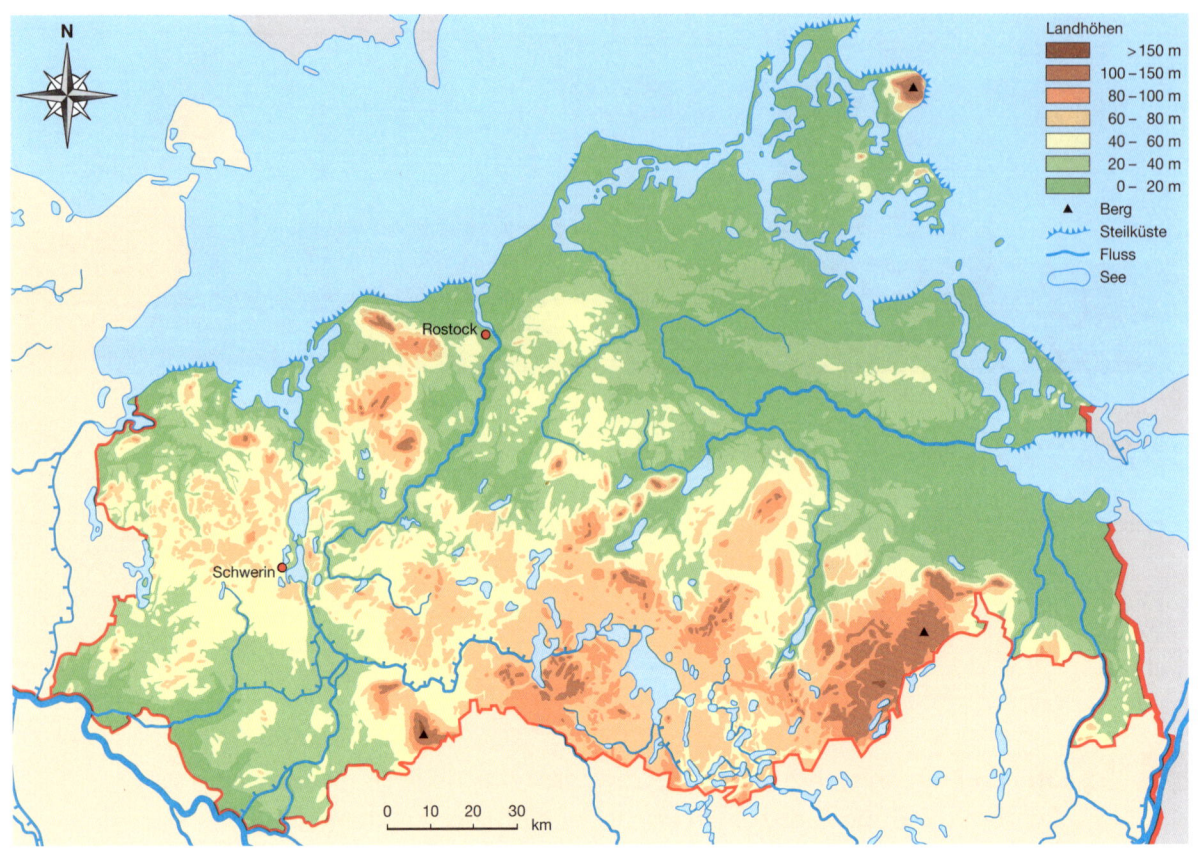

2 Kreuze an: Das ist richtig. ☒   Das ist falsch. ☒
Trage die Nummern der richtigen Sätze in die Karte ein. Nutze Seite 18–19.

1. Poel ist eine Insel in der Wismarer Bucht. ☐ ☐
2. Die Mecklenburgische Schweiz ist eine hügelige Landschaft. ☐ ☐
3. Der Klützer Winkel ist eine Landschaft in Nordwest-Mecklenburg. ☐ ☐
4. Der Schweriner See liegt in der Ueckermünder Heide. ☐ ☐
5. Die Peene fließt durch Anklam. ☐ ☐
6. An der Ostseeküste gibt es nur flache Küsten. ☐ ☐
7. Die Recknitz mündet in den Saaler Bodden. ☐ ☐
8. Rügen ist die größte Insel Deutschlands. ☐ ☐
9. Auf der Insel Usedom liegt der Nationalpark Jasmund. ☐ ☐
10. Der Störkanal fließt in die Warnow. ☐ ☐

 Erfindet mit Hilfe der Karte auf Seite 18–19 weitere Fragen.
Gebt sie zum Lösen an eine andere Gruppe weiter.

24   Mit der Karte arbeiten;
ausgewählter Landschaften und Gewässer
in die Landeskarte eintragen

S. 8, S. 9

Reise durch das Land – Bilder und Texte erzählen

1 Klebe die Bilder und Texte von Seite 53 hier ein.

2 Markiere in den Texten Orte und Sehenswürdigkeiten. Erzähle dazu.

1

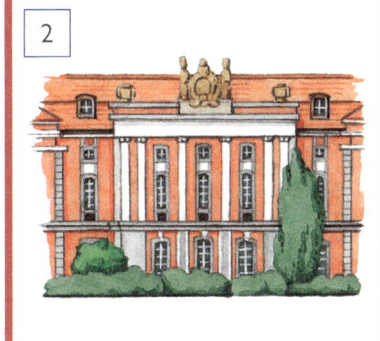

2

☒ Seite 53

☒ Seite 53

☐ Das Hauptgebäude der Universität Greifswald ist über 250 Jahre alt. Die Universität selbst ist noch viel älter. Sie wurde schon 1456 gegründet. An der Ernst Moritz Arndt Universität studieren etwa 12 000 Studentinnen und Studenten.

☐ Die Neubrandenburger Marienkirche ist über 700 Jahre alt. In dem alten Backsteinbau wurde ein moderner Konzertsaal eingerichtet. Hier musizieren bekannte Künstler. Wegen des guten Klanges werden hier auch Musik-CDs aufgenommen.

☒ Seite 53

5

6

☐ Die Sankt-Marien-Kirche in Parchim ist ein Backsteinbau. Im Jahr 1278, als sie eingeweiht wurde, waren Backsteine ein neues wertvolles Baumaterial. Die haltbaren Steine wurden aus Lehm oder Ziegelton gebrannt. Deshalb war ihre Farbe rot.

☒ Seite 53

☒ Seite 53

Reise durch das Land – Bilder und Texte erzählen

1 Klebe die Überschriften von Seite 53 hier richtig ein.

2 Schreibe zu den Bildern Texte. Erzähle dazu.

Seite 53

_____

_____

_____

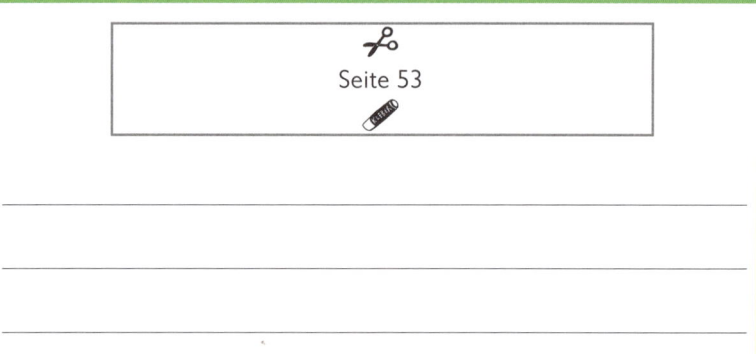

Seite 53

_____

_____

_____

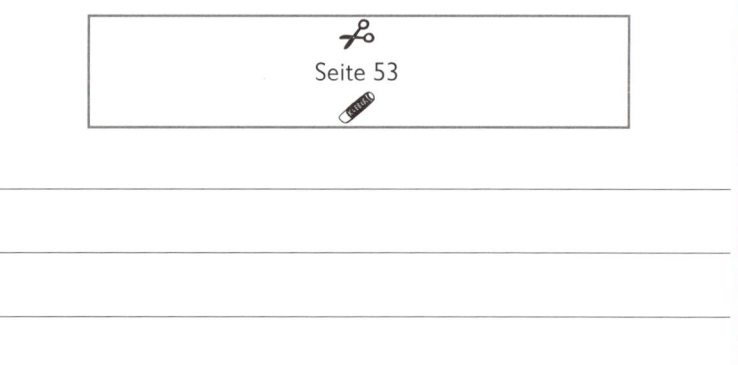

Seite 53

_____

_____

_____

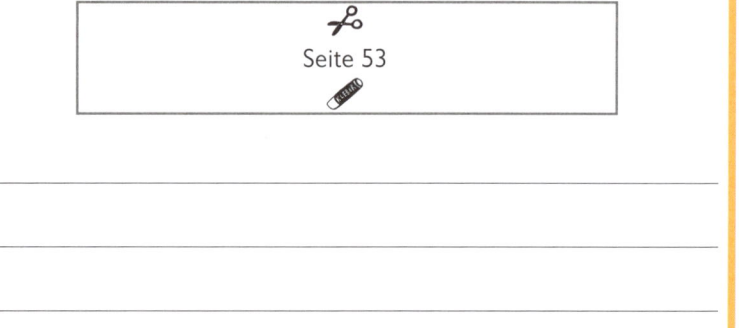

Seite 53

_____

_____

_____

Sehenswürdigkeiten im Land kennen lernen;
Texte zum Thema „Mecklenburg-Vorpommern als Reiseland" schreiben;
Recherchen in Reiseführern oder im Internet durchführen

S. 4, S. 5

Unterwegs in unserem Land: Aufgaben für Seite 28–29

1 Löst die Aufgaben in Einzel- und Partnerarbeit.
- Klebt die Bildchen von Seite 53 an der richtigen Stelle auf die Karte.
- Fertigt Spielelemente an. Spielt zu zweit.

 Spieltipp

Ihr braucht:
- Zeichenpapier
- Lineal
- Stift
- Schere
- zweimal die Umrisskarte S.28/29 als Spielflächen

Geht so vor:
- Jeder fertigt beliebig viele Papierschildchen und schreibt auf jedes den Namen einer Landschaft, eines Gewässers, einer Stadt …
- Auf die Rückseite seiner Kärtchen schreibt jeder seinen Namen.
- Legt alle Kärtchen so auf den Tisch.

Muster eines Schildchens
Vorderseite:

Rückseite:

- Nehmt eure Schildchen und platziert sie abwechselnd an der richtigen Stelle auf der Umrisskarte. Kontrolliert zum Schluss.
- Das Spiel gewinnt, wer die meisten Schildchen richtig platziert hat.

Beispiele:

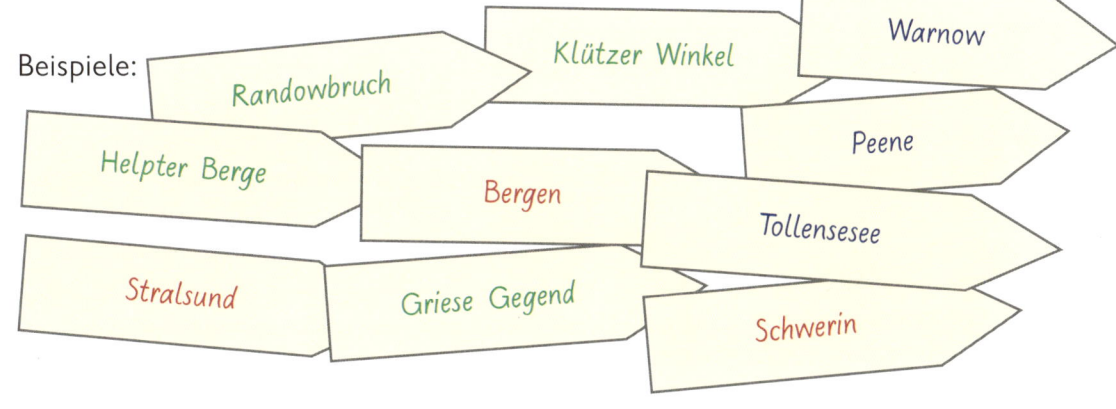

2 Schreibt auch Namen von Schlössern, Burgen und Parkanlagen auf Schildchen und legt sie auf die Umrisskarte.

  Skizziere die Umrisskarte. Zeichne ein:
Landschaft, große Stadt, Fluss, Talsperre, Burg, Nachbarland …
Nutze den Atlas.

Lage ausgewählter Oberflächen, Gewässer, Regionen und Städte des Landes kennen; Landeskarte und Atlas als Nachschlagewerke nutzen

Unterwegs in unserem Land

1 🖊 Trage den Namen der Landeshauptstadt
in die Karte ein.

2 🌐 Bereitet das Spiel nach der Spielanleitung
auf Seite 27 vor und spielt es.

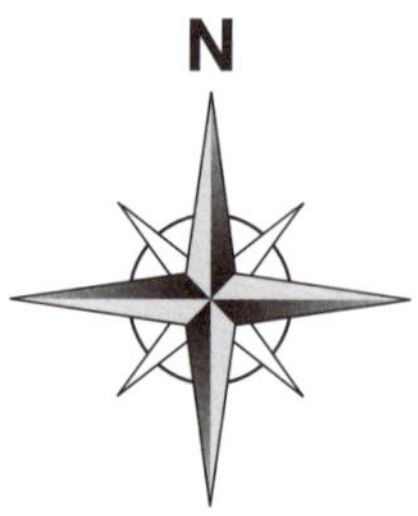

N

Und wo ist Poel?

Landkreis

Rostock

Nordwestmecklenburg

Ludwigslust- *Parchim*

Staatsgrenze

Landesgrenze

Kreisgrenze

Landeshauptstadt

Kreisfreie Stadt

Kreisstadt

See

Fluss

Wasserstraße

Vorpommern-
Rügen

Vorpommern-
Greifswald

Mecklenburgische
Seenplatte

Die Insel findest du
in der Nähe
von Wismar.

Gute Fahrt nach Schwerin

1 👁 Orientiere dich über die Lage der Landeshauptstadt Schwerin.
Nutze die Karte auf den Seiten 18–19.

Lage der Stadt Schwerin in Mecklenburg-Vorpommern:	Lage der Stadt Schwerin von meinem Schulort aus:[1]
Himmelsrichtung: _____ _____	Himmelsrichtung: _____ _____
Gewässer: _____	Entfernung: _____
Landschaft: _____ _____	Verkehrsverbindungen: _____

2  Informiere dich anhand von Fahrplänen über günstige Verkehrsverbindungen von deinem Schulort in die Landeshauptstadt.

Reiseverbindungen:[2]	Skizze der Reiseroute:
_____ _____ _____ _____ _____	

3  Informiere dich im Atlas: Wie kommt man von der Landeshauptstadt nach Berlin, der Bundeshauptstadt? Nenne einige Orte der Reiseroute.

_____

_____

Zur Lage der Landeshauptstadt und Verkehrsverbindungen recherchieren;
Aufgaben für Schweriner Kinder: [1] Lage der Stadt Schwerin von Berlin aus eintragen;
[2] aus Fahrplänen Verkehrsverbindungen von Schwerin in eine Kreisstadt des Landes herausfinden

Verkehrswege verbinden Wirtschaftsstandorte

1 Vervollständige die Legende zur Verkehrskarte. Nutze auch Seite 18–19.

	Autobahn		Bundesstraße		Flughafen		Fluss		Kanal
	Autobahn im Bau		Eisenbahn		Seehafen		See		

2 Notiere fünf wichtige Wirtschaftsunternehmen des Landes aus Industrie, Landwirtschaft, Tourismus, Handel und Handwerk. Trage dann die Nummern der Standorte in die Karte ein.

Guck auch mal in die Gelben Seiten.

1 _____

2 _____   4 _____

3 _____   5 _____

⭐ Erfinde Symbole für diese Wirtschaftsunternehmen. Vergleiche mit dem Atlas.

Die Legende der Karte vervollständigen;
einige Wirtschaftsstandorte oder konkrete Unternehmen aufschreiben;
Symbole für Wirtschaftsunternehmen erfinden

3 🖊 Mit welchen vier größeren Städten unseres Landes ist die Werft-
und Hafenstadt Stralsund durch die Eisenbahn verbunden?

1 _____   3 _____

2 _____   4 _____

4 🖊 Touristen wollen mit dem Boot vom Schweriner See bis zum Plauer See fahren.
Welche Wasserstraßen unseres Landes benutzen sie?

_____

5 🖊 Ein Schiff bringt Holz in den Wismarer Hafen. In einem Wismarer Sägewerk
wird es geschnitten und mit LKWs nach Neustrelitz geliefert.
Welche Strecken kann der LKW fahren?

_____

_____

6 🖊 Wähle einen Ort im Südwesten und einen im Nordosten unseres Landes.
Wie weit sind die Orte voneinander entfernt A Luftlinie, B Autostrecke?
Miss mit einem Faden.

Berechne die Entfernungen mit Hilfe des Maßstabs.

Ort 1 _____   **Ort 2** _____

A **Luftlinie** _____   B **Autostrecke** _____

7 🖊 Welche Flüsse überquert ein Fahrer auf der A 20
zwischen Wismar und Neubrandenburg?

_____

⭐ Findet selbst Fragen und Antworten zum Verkehrsnetz im Land.
Ihr könnt mündlich oder schriftlich arbeiten.

Mit der Karte arbeiten;
Infrastruktur erkunden,
Zusammenhang Wirtschaft – Verkehrswege erkennen

 S. 2, S. 4, S. 5

Wirtschaftsstandort Mecklenburg-Vorpommern

1 🖊 In vielen Regionen des Landes arbeiten die Menschen in der Land- und Ernährungswirtschaft sowie in der Forstwirtschaft. Stelle einen Betrieb in Stichworten vor: Name, Produkte, Berufe.

_____

_____

_____

_____

_____

2 🖊 Im Land werden viele Produkte hergestellt, die ins Ausland geliefert werden. Stelle einen Betrieb vor, der Waren exportiert: Name, Produkte, Berufe.

_____

_____

_____

_____

3 Mecklenburg-Vorpommern ist ein interessantes Reiseland. Schlagt vor, wie eure Umgebung für den Tourismus genutzt werden könnte.

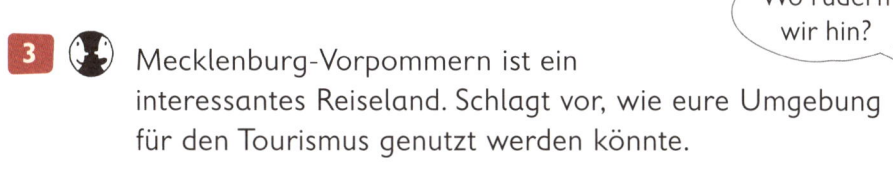

Wo rudern wir hin?

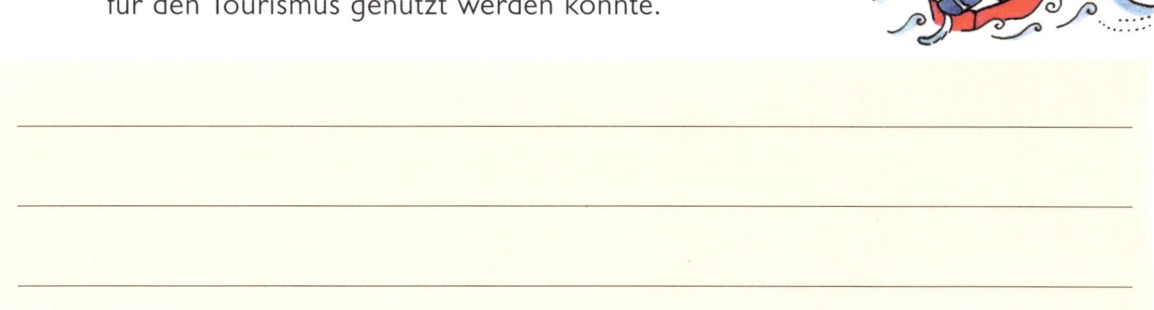

_____

_____

_____

Beispiele für den Wirtschaftsstandort Mecklenburg-Vorpommern finden, dazu im Internet recherchieren; erkennen, dass Wirtschaftsentwicklung auch von regionalen Besonderheiten abhängt, z.B. von Landschaften

S. 4, S. 5

Unser Land in der Bundesrepublik Deutschland

Staatsgrenze
Landesgrenze
■ Bundeshauptstadt
● Landeshauptstadt

0 25 50 75 100 km

D ä

O s t s e e

N o r d s e e

N

Kiel

zu Bremen

Schwerin

Hamburg

Bremen

P

Berlin

Potsdam

Hannover

Magdeburg

Belgien

Düsseldorf

Dresden

Erfurt

L

Wiesbaden

Mainz

Tschechische

R

Saarbrücken

F -

Stuttgart

Donau

München

S

Ö

Elbe
Oder
Weser
Rhein
Mosel
Saale
Main

1 ✎ Arbeit mit der Karte:
- Markiere die Grenze deines Bundeslandes. Orientiere dich an der Legende.
- Beschrifte dein Land und angrenzende Bundesländer.

2 ✎ Markiere die Staatsgrenze der Bundesrepublik Deutschland.

3 ✎ Beschrifte alle Nachbarstaaten. Kennzeichne ihre Grenzen.

Orientierungsmöglichkeiten auf der Karte anwenden;
Lage Mecklenburg-Vorpommerns in der Bundesrepublik bestimmen;
der Karte Informationen entnehmen und hinzufügen

Radfahrprüfung: Auf Vorfahrt achten ist lebenswichtig

 Was musst du beim Radfahren bei diesen Verkehrszeichen
oder Vorfahrtregelungen tun? Schreibe Stichpunkte auf.

   _____

 _____

   _____

 _____

   _____

 _____

 Was musst du als Radfahrer bei diesen Zeichen tun?

_____   _____   _____

_____   _____   _____

_____   _____   _____

Trage die Reihenfolge ein, in der die Fahrzeuge fahren: 1 2 3 .

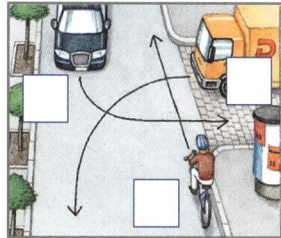

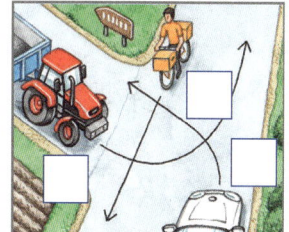

Regeln zur Verkehrssicherheit als Radfahrer anwenden:
Vorfahrtregeln, Fahrsicherheit, gegenseitige Rücksichtnahme,
Verantwortung

Radfahrprüfung: Vorbeifahren und Abbiegen

1 Wie fährst du richtig an einem Hindernis vorbei?
Nummeriere die Reihenfolge im Bild und danach im Text.

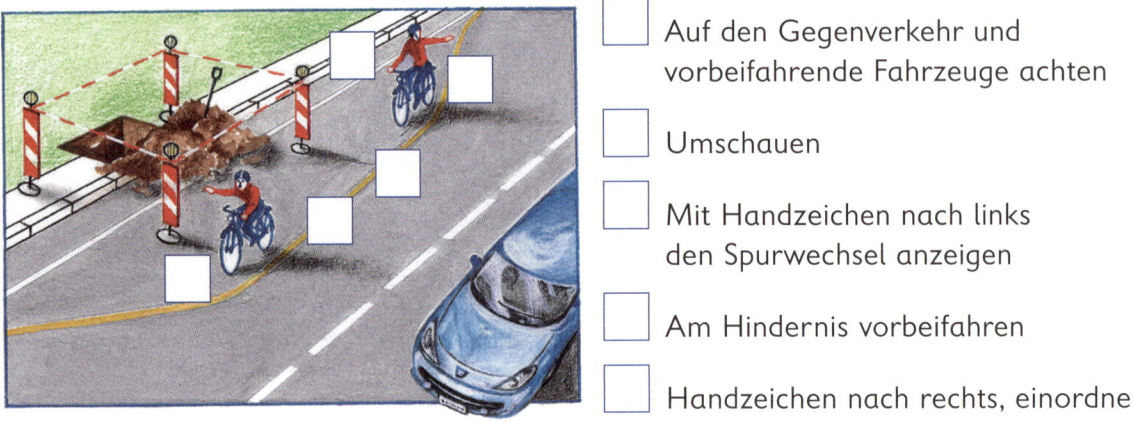

☐ Auf den Gegenverkehr und
vorbeifahrende Fahrzeuge achten

☐ Umschauen

☐ Mit Handzeichen nach links
den Spurwechsel anzeigen

☐ Am Hindernis vorbeifahren

☐ Handzeichen nach rechts, einordnen

2 Willst du nach links abbiegen, entscheide an jeder Kreuzung neu.
Nummeriere die richtige Reihenfolge. Schülerbuch Seite 83 hilft dir.

Sicher abbiegen

Abbiegen nur für Profis

☐ Absteigen

☐ Anfahren vom Fahrbahnrand

☐ Heranfahren

☐ Schulterblick: Ist die Straße frei?

☐ Rad über die Straße schieben

☐ Auf den Gegenverkehr achten

☐ Vorfahrt beachten

☐ Abbiegen

☐ Auf Fußgänger achten

☐ Nochmals umsehen, Fahrzeuge
vorbeilassen

☐ Schulterblick über die linke Schulter:
Ist die Straße frei?

☐ In die linke Fahrspur einordnen

☐ Handzeichen nach links geben

Regeln zur Verkehrssicherheit als Radfahrer anwenden:
Vorbeifahren, Linksabbiegen;
Fahrsicherheit, gegenseitige Rücksichtnahme und Verantwortung

Schall breitet sich aus – Lärm belästigt

1 👁 Störender oder schädigender Schall wird als Lärm bezeichnet.
Beschreibe die Bilder.

2 ✏ Gestalte einen Cluster zum Thema: *Lärm macht krank*
Informiere dich dazu in Sachbüchern und im Internet.

> Du schädigst mein Gehör!

Cluster:
- *Lärm macht krank*
  - *Schlafstörung*
    - *müde*

⭐ ✏ Notiere, was du zur Lärmvermeidung tun kannst?

Situationen erkennen, die Lärm verursachen;
sich über gesundheitliche Schädigungen des Körpers durch Lärm informieren
und einen Cluster gestalten; über Lärmvermeidung nachdenken

 S. 4, S. 5, S. 14, S. 15

37

Optische Täuschungen

1  Betrachte die Bilder genau.
Notiere, was du siehst.

1 | **Ich sehe:**

_____

_____

2 | **Sind die grauen Linien schräg oder gerade?**

_____

_____

_____

_____

2 Vervollständige den Text im Merkkasten.
Er erklärt, wie diese optischen Täuschungen entstehen.

 *Augen   Erinnerungen   Gehirn   Informationen   Irre   Täuschungen*

Du kannst die Bilder mit Hilfe deiner _____ sehen. Dazu werden,

ohne dass es dir bewusst ist, sehr schnell _____

zwischen dem Bild, den Augen und deinem Gehirn ausgetauscht. Dabei spielen deine

_____ und Erfahrungen eine Rolle. Manchmal führen dich

die Augen in die _____ und das _____ beurteilt

das Gesehene falsch. Solche optischen _____ zeigen dir,

wie ungenau unsere Wahrnehmung sein kann.

⭐  Suche im Internet nach Bildern, die optische Täuschungen zeigen.

optische Täuschungen als visuelle Wahrnehmungstäuschung
erkennen und erklären;
den Text im Merkkasten ergänzen

S. 4, S. 5

Münzen und Magnete

1 Betrachte die Münzen unserer Eurowährung. Wie glänzen sie?

A silberfarben B goldfarben C kupferfarben

Geldstücke	Cent						Euro	

Farbe								

2 Lies den Text und unterstreiche die Metalle, die für die Münzen verarbeitet wurden.

— Kupfer
— Stahl

Metalle in unseren Münzen
- Die 1-, 2- und 5-Cent-Münzen sind aus Stahl (veredeltes Eisen) mit einem Überzug aus Kupfer.
- Die 10-, 20- und 50-Cent-Münzen bestehen aus „Nordischem Gold". So wird eine Mischung verschiedener Metalle genannt, die vor allem Kupfer, aber auch Aluminium und Zink und ein wenig Zinn enthält.

3 Vermute: Welche Geldstücke der Eurowährung werden von Magneten angezogen?

4 Welche Geldstücke der Eurowährung werden von Magneten angezogen? Kreuze an. Begründe mündlich.

Geldstücke	Cent						Euro	

werden angezogen								

 Vermute: Welche Metalle sind in 1- und 2-Euro-Münzen enthalten?

Ausgewählte Münzen der Eurowährung beschreiben; vermuten und nachweisen, wie sich die Münzen bezüglich des Magnetismus verhalten

S. 10, S. 11

So bleiben wir neugierig

1 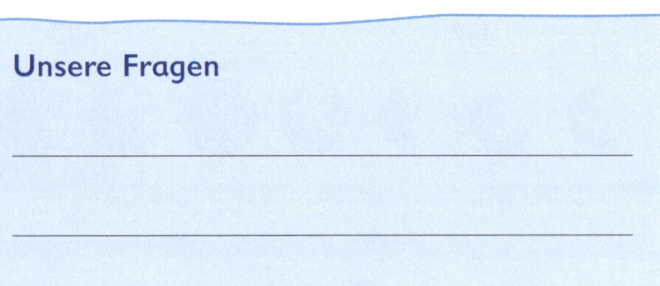 Wählt ein Kapitel aus eurem Schülerbuch aus.
Schlagt die erste Seite des Kapitels auf.
Schaut euch das große Bild genau an und stellt Fragen dazu.

> Wie groß ist eine Kugelalge?

> Können wir Pantoffeltierchen unter dem Mikroskop sehen?

> Warum …?

Unsere Fragen

_____

_____

_____

_____

_____

_____

_____

_____

_____

_____

_____

_____

_____

_____

_____

_____

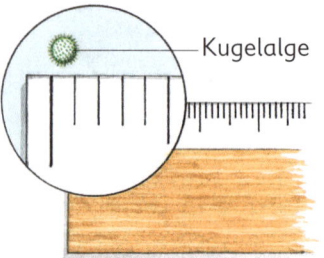

Kugelalge

Einen Heuaufguss ansetzen

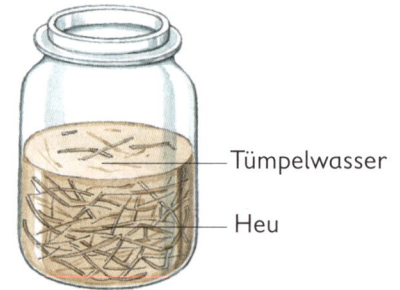

Tümpelwasser

Heu

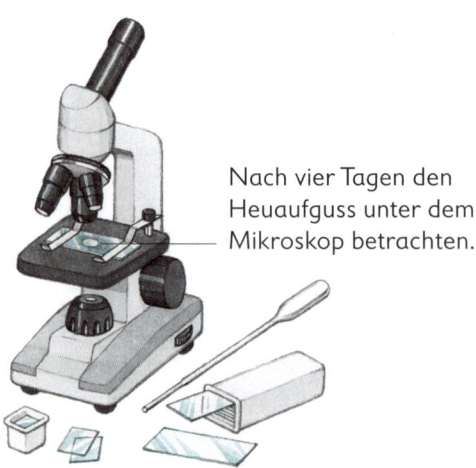

Nach vier Tagen den Heuaufguss unter dem Mikroskop betrachten.

2 Findet in verschiedenen Medien Antworten zu euren Fragen.
Ihr könnt auch untersuchen und experimentieren. Oder fragt Experten.
Stellt eure Ergebnisse in der Klasse vor.

Zu Bildern Fragen und Antworten finden;
dabei verschiedene natur- und gesellschaftliche Zusammenhänge
erforschen und verstehen

S. 4, S. 5

Fressen und gefressen werden

1 🖊 Vervollständige den Text im Merkkasten:

Nahrungsgemeinschaften   Lebewesen   Nahrungsnetze   Tieren

_____ ernähren sich von verschiedenen Pflanzen

und/oder von _____. Sie sind voneinander abhängig und bilden

_____. Solche Verbindungen der Lebewesen

über die Nahrung werden als _____ bezeichnet.

2 ✏ Schneide die Bildchen von Seite 53 aus und klebe sie ein.
Ergänze die Pfeile im Nahrungsnetz.

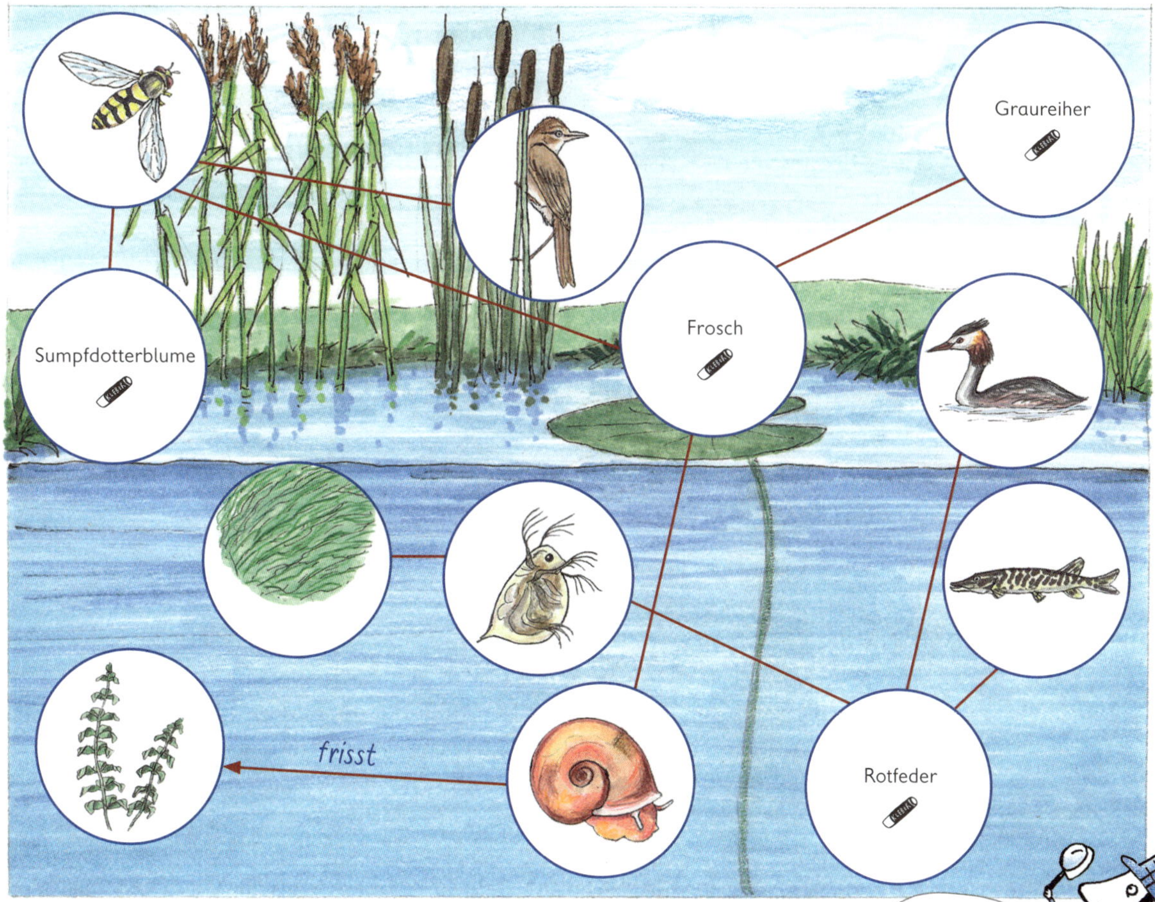

Graureiher

Sumpfdotterblume

Frosch

frisst

Rotfeder

Wer frisst
wen?

⭐ 👄 Halte zum Nahrungsnetz im und am See einen Vortrag.

Den Begriff „Nahrungsnetz" klären; Bilder ausgewählter Pflanzen und Tiere erkennen
und in ein Nahrungsnetz einordnen;
Nahrungsnetz durch Pfeile verdeutlichen

Angepasst – Tiere im Wasser

1 Schreibe in die Kästchen zum Bild: *Weibchen* und *Erpel* (Männchen).
Beschreibe: Wie ist die Stockente an das Leben im Wasser angepasst?

Die Stockente

Beobachte Stockenten in allen Jahreszeiten. Gestalte ein Leporello.
Klebe Fotos ein, zeichne und beschreibe das Verhalten der Tiere.

 Lebewesen (Stockenten) im und am Wasser beobachten, bestimmen, beschreiben,
fotografieren; Angepasstheit an das Leben im Wasser erkunden
(Daunenkleid, Schwimmfüße, stromlinienförmiger Körperbau, Seihschnabel)

 S. 6

Angepasst – So lebt die Kleine Wasserlinse

1 Lies den Sachtext und notiere am Rand Schlüsselwörter.

Schlüsselwörter

Die Kleinen Wasserlinsen treiben oft auf stehenden Gewässern, wie Teichen und Tümpeln. Sie überziehen das Wasser wie ein grüner Teppich. Weil sie gern von Enten gefressen werden, nennt man sie auch Entengrütze, Entengrün oder Entenflott. Die einzelne Pflanze besteht nur aus 2–4 mm großen rundlichen Schwimmblättchen mit Hohlräumen und einer einzigen winzigen Wurzel. An der Mutterpflanze bilden sich Sprosse. Das sind neue kleine Pflänzchen, die sich dann ablösen oder mit der Mutterpflanze verbunden bleiben. Die Kleine Wasserlinse blüht selten. Im Herbst speichert sie Nährstoffe und überwintert am frostfreien Boden der Gewässer.

2 Lies den Text noch einmal.
Wie ist die Kleine Wasserlinse an das Leben im Wasser angepasst?
Notiere Merkmale:

3 Suche in Sachbüchern oder im Internet weitere Informationen über die Kleine Wasserlinse. Schreibe hier Stichpunkte auf.

4  Halte mit Hilfe deiner Stichpunkte aus Aufgabe 2 und 3 einen Kurzvortrag.

Lebewesen (Kleine Wasserlinse) im und am Wasser beobachten,
bestimmen, beschreiben, fotografieren;
ihre Angepasstheit an das Leben im Wasser erkunden

S. 4, S. 5, S. 8, S. 12

Gewässer schützen

1 Klebt Bilder und Texte von Seite 55 an den passenden Stellen auf.
Sprecht über das Verhalten der Menschen gegenüber der Natur.

Gebrauchtes Wasser
verschwindet nicht.
Es kehrt irgendwo auf der Erde wieder
in den natürlichen Wasserkreislauf zurück.

✂ Seite 55

✂ Seite 55

✂ Seite 55

✂ Seite 55

✂ Seite 55

✂ Seite 55

2 Schreibe auf, wie du zum
Gewässerschutz beitragen kannst.

_____

_____

_____

_____

Passende Bilder und Texte einkleben;
Verhaltensweisen von Menschen in der Natur beurteilen, eigenes Verhalten reflektieren;
Aktionen zum Schutz der Umwelt starten

S. 16

Sonne und Erde

1 🖊 Beschreibe die Fotos. Vervollständige dann den Text in den Merkkästen.

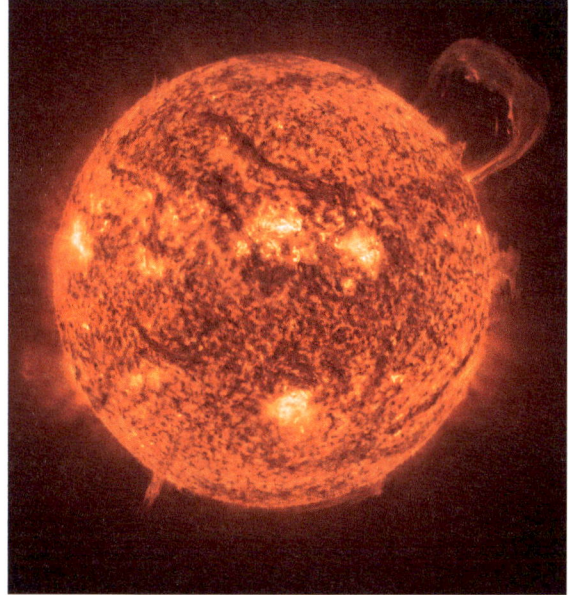

Ein Drittel Land,
zwei Drittel Wasser

Energiespender   Erde   glühend   Sonne

Die _____ ist eine _____

heiße, sich drehende Gaskugel. An der

Oberfläche beträgt die Temperatur

5 527 °C. Im Vergleich zur _____ ist

die Sonne gigantisch groß. Als riesiger

_____ ermöglicht

sie uns das Leben auf der Erde.

Erde   Sonne   schützende

Die _____ ist unser Heimatplanet.

Sie umkreist die _____ und dreht

sich in 24 Stunden einmal um ihre

eigene Achse. Eine _____

Gashülle, die Atmosphäre, umgibt sie.

Darin können wir leben.

2 👁 Beobachte in jeder Jahreszeit
an einem sonnigen Tag
den Lauf der Sonne.
Zeichne ihn nach dem Muster
auf vier Extrablätter.

Tagbogen der Sonne am:

Sonne als Zentrum unseres Erdgeschehens
und Besonderheiten unseres Erdplaneten begreifen;
Sonnenstand und Himmelsrichtung in den Jahreszeiten vergleichen

Leben und Arbeit in der Stadt vor 100 Jahren

1 🖐 Lies die Texte. Schneide die Fotos von Seite 55 aus und klebe sie auf.

Vor etwa 100 Jahren entstanden in den Städten
große Fabriken. In ihrer Nähe wurden Häuser
für die Arbeiter gebaut, mit engen Wohn- und
Schlafräumen.
Oft lebten Erwachsene und Kinder in einem Zimmer
oder schliefen gar in einem Bett.

Um den Lebensunterhalt der Familie zu sichern,
arbeiteten viele Frauen von Arbeitern in Spinnereien,
Webereien oder in Heimarbeit. Manche fanden Arbeit
als Koch-, Putz- oder Waschhilfe in Bürgerhäusern.
Auch neue Berufe entstanden, wie zum Beispiel
Stenotypistin.

Viele Kinder besuchten bereits die Schule.
In großen Fabriken arbeiteten nun weniger 12- bis
14-Jährige. Aber in armen Handwerkerfamilien
und auf dem Land mussten auch kleine Kinder
in der Familie bei der Arbeit helfen. Sie gingen dann
oft wochenlang nicht in die Schule.

Jungen erhielten an ihren Schulen schon längere Zeit
Turnunterricht, für Mädchen gab es Turnunterricht
erst im Jahr 1900. Er war spielerisch gestaltet.
Für den Freizeitsport baute man Familienschwimmbäder.
Auch zahlreiche Kraftsport- und Fußballvereine,
Gymnastik- und Tanzgruppen wurden gegründet.

2 ✏️ Ergänze den Text im Merkkasten.

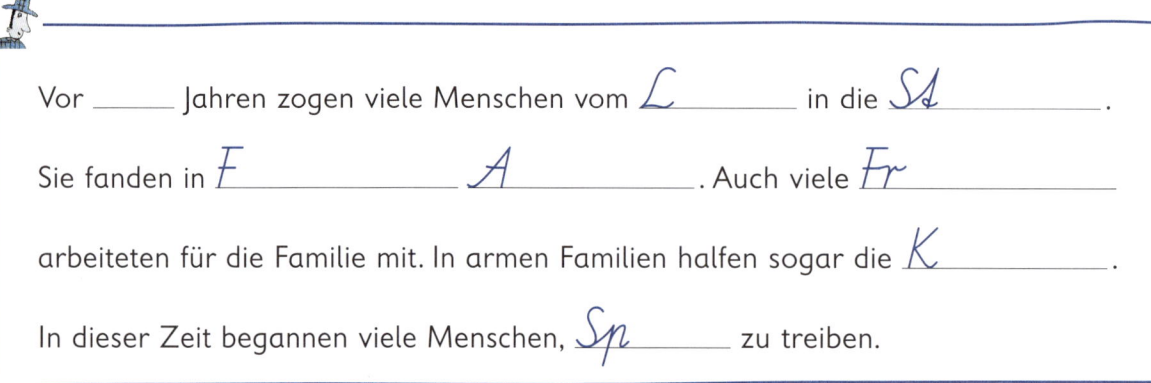

Vor _____ Jahren zogen viele Menschen vom *L*_____ in die *St*_____.

Sie fanden in *F*_____ *A*_____. Auch viele *Fr*_____

arbeiteten für die Familie mit. In armen Familien halfen sogar die *K*_____.

In dieser Zeit begannen viele Menschen, *Sp*_____ zu treiben.

Lebens- und Arbeitsbedingungen früher (Arbeitsgeräte, Berufe) erfassen;
Sachtexte und Bilder inhaltlich richtig zuordnen, die Bilder aufkleben;
den Merksatz in Form eines Lückentextes ergänzen

S. 12

Leben und Arbeit in der Stadt heute

1 Lies die Texte. Schneide die Fotos von Seite 55 aus und klebe sie auf.

Heute wohnen viele Familien in hellen Wohnungen mit Wohn- und Schlafzimmer, Kinderzimmer, Küche und Bad.
Manche besitzen auch ein Haus am Rande der Stadt. Sie fahren morgens mit dem Auto oder einem öffentlichen Verkehrsmittel zur Arbeit.

Die meisten Männer und Frauen haben einen Beruf erlernt. Sie arbeiten an modernen Maschinen und beherrschen neueste Technik. Computer haben die Schreibmaschinen abgelöst. Noch heute aber gibt es nicht immer gleichen Lohn für gleiche Arbeit. Frauen erhalten oft weniger Lohn.

Kinderarbeit ist in Deutschland verboten.
Mit einer schriftlichen Erlaubnis der Eltern können Kinder ab 13 Jahren zwei Stunden täglich arbeiten. Gern arbeiten sie als Babysitter, helfen in Haus und Garten oder tragen Zeitungen und Prospekte aus.

Sport spielt heute an Schulen eine große Rolle, denn Kinder brauchen viel Bewegung, um sich körperlich und geistig gut entwickeln zu können. Wer Lust hat, kann in eine Arbeitsgemeinschaft oder einen Verein eintreten. Beliebt sind Fußball, Handball und Schwimmen.

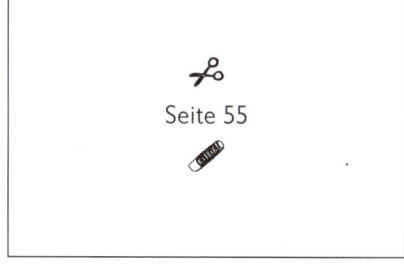

2  Ergänzt. Vergleicht dann Leben und Arbeit in der Stadt früher und heute.

Heute leben die meisten arbeitenden Menschen in guten *W*_____

oder einem eigenen *H*_____. Männer und Frauen üben einen *B*_____ aus

und arbeiten mit moderner *T*_____. *K*_____ ist verboten.

*Sp*_____ ist wichtig, damit sich Kinder gut entwickeln können.

Lebens- und Arbeitsbedingungen früher und heute (Arbeitsgeräte, Berufe) erfassen;
Sachtexte und Bilder inhaltlich richtig zuordnen, die Bilder aufkleben;
Merksatz ergänzen; Leben und Arbeiten früher und heute vergleichen

Die Sonnenblume im Jahreskreis

1 👁 Betrachte die Bilder und beschreibe sie.

1

Aussäen der Samen
ab Mitte April

2

Erste Keimlinge nach etwa
zwei Wochen

3

Pflanzen wachsen und
bilden Blütenköpfchen

4

Blüte des Blütenköpfchens
von Juli bis Oktober

5

Ernte der Samen ab Anfang
September bis Oktober

6

Verwelken und Absterben
der Pflanze ab Oktober

2  Male den Jahreskreis aus. Verwende dazu die vorgegebenen Farben.
Es sind auch zwei Farben möglich.

**Aussaat, Wachsen
und Absterben
einer Sonnenblume**

🟥 Aussaat

🟩 Keimling

🟩 Jungpflanze

🟨 blühende
Pflanze

🟧 Ernte
der Samen

⬛ Verwelken
und Absterben

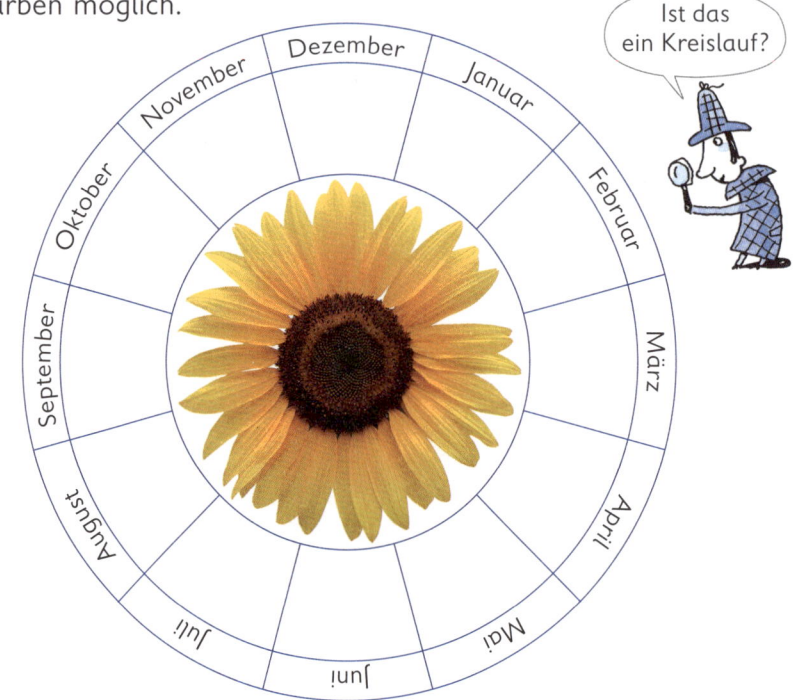

Ist das
ein Kreislauf?

⭐  Sät Sonnenblumen aus und beobachtet die Entwicklung.

Einzelne Phasen der Entwicklung einer Sonnenblume im Jahreskreis kennen lernen und beschreiben;
Erkenntnisse bei der Gestaltung eines Schaubildes anwenden
und dabei die Legende nutzen

 S. 6, S. 7, S. 16

Ein Fotoquiz herstellen

1 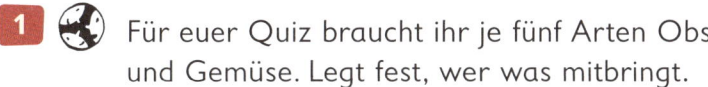 Für euer Quiz braucht ihr je fünf Arten Obst und Gemüse. Legt fest, wer was mitbringt.

2 🖊 Betrachtet einige Objekte genau. Füllt die Tabelle aus.

Obst/Gemüse	Aussehen: Farbe, Form, Größe
Möhre	*blass-orange, länglich, kegelförmig, 14 cm lang*

3 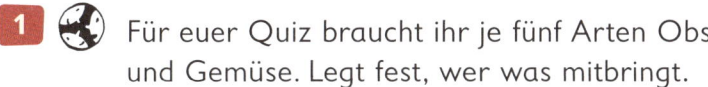 Fotografiert ganze und halbe Früchte.

Zum Anbeißen!

• Legt jedes Objekt einzeln auf weißes Papier.

• Fotografiert die Objekte von oben.

• Schneidet die Fotos aus. Klebt sie auf Pappe.

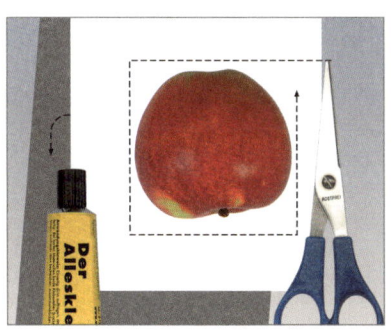
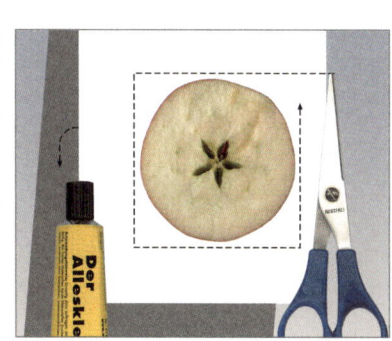

Obst und Gemüse betrachten;
Aussehen der Objekte tabellarisch festhalten;
Fotos für ein Quiz anfertigen

 S.4, S.5

4 Bearbeitet die Fotos am Computer. Nutzt dafür ein Bildbearbeitungsprogramm. Lasst euch von Erwachsenen helfen.

So kannst du Fotodateien bearbeiten

Einen Fotoausschnitt erstellen

• Öffne die Datei und klicke Strg+E.
• Klicke in der Tool-Box auf das Symbol:
• Ein Kreuz wird sichtbar. Ziehe damit einen Rahmen über den gewünschten Bildausschnitt.
• Klicke
  1. unter Bearbeiten auf Ausschneiden,
  2. unter Bild auf Bild löschen,
  3. unter Bearbeiten auf Einfügen.
• Klicke das Radiergummi-Symbol an. Damit kannst du Flächen entfernen. Übe eine Weile.

> Tool heißt „Werkzeug".

Ein Bild auf ein Hintergrundbild setzen

• Öffne die Bilddatei, in die du ein Bild einfügen willst. Klicke Strg+E.
• Klicke auf   und ziehe dort einen Rahmen, wo das Bild stehen soll.
• Klicke unter Bearbeiten auf Einfügen aus.
• Suche die Bilddatei, klicke sie doppelt an. Ziehe sie dann an die gewünschte Stelle. Klicke zum Schluss in das Hintergrundbild.
• Mit Stift- und Farbfüller-Symbol kannst du im Bild Linien und Muster zeichnen.

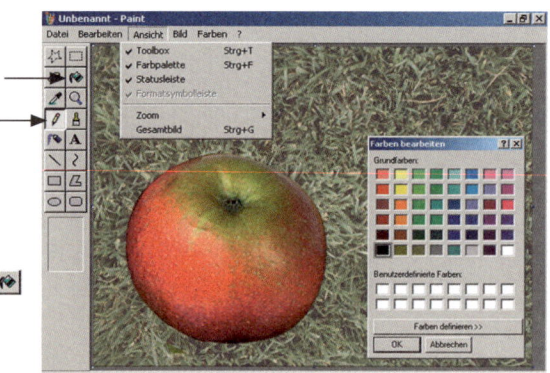

5 Das Quiz herstellen und erproben:
• Druckt die am Computer bearbeiteten Fotos in gleicher Größe aus. Klebt sie auf gleich große Pappkärtchen.
• Erfindet Spielregeln. Schreibt sie auf ein Extrablatt.
• Testet euer Spiel.

Fotos im Computer speichern;
Bildbearbeitungsprogramm des Computers nutzen;
Fotos für ein Quiz am Computer bearbeiten

Wie kommt das Trinkwasser auf den Berg?

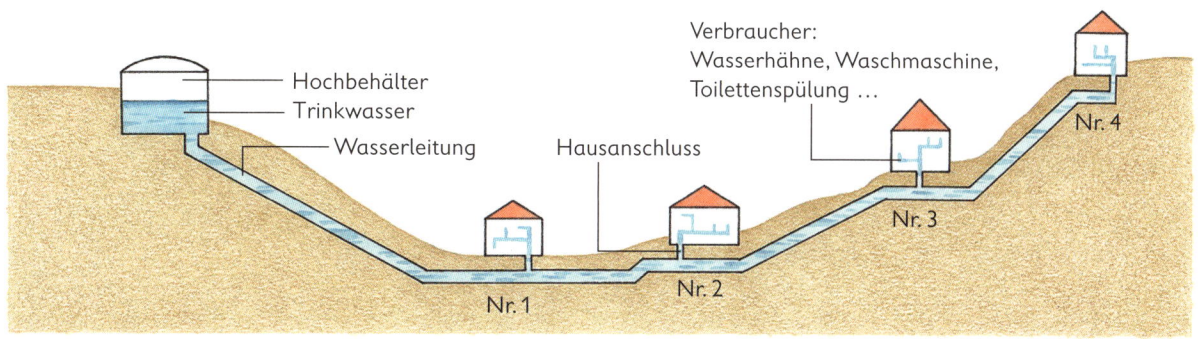

1 🖊 Ergänze den Text im Merkkasten mit Wörtern aus dem Bild.

Vom _____ fließt _____ in die *Wasser-*

_____. Von hier gelangt es über jeden _____

in die Häuser 1 bis ____. Dort nutzen es _____: aus Wasserhähnen,

für _____, für _____.

🖐 Wasser bergauf fließen lassen

Frage: Kann der Hochbehälter alle Häuser mit Wasser versorgen?

Ihr braucht:
- einen Schlauch, Wasser
- 2 Trichter:
  Hochbehälter ⎡a⎤, die Häuser ⎡b⎤

⎡a⎤ ⎡b⎤

⎡1⎤ ⎡2⎤ ⎡3⎤

Geht so vor:
- Baut ein Modell ⎡1⎤.

- Gebt Wasser in den Hochbehälter ⎡a⎤.

- Haltet Hochbehälter ⎡a⎤ und
  Häuser ⎡b⎤ unterschiedlich hoch ⎡2⎤, ⎡3⎤.

- Findet heraus, ob alle Häuser ⎡b⎤
  mit Wasser aus dem Hochbehälter ⎡a⎤
  versorgt werden.

Ergebnis: Alle Häuser werden mit Wasser versorgt: ja ☐ nein ☐

2 🖊 Schreibt zum Versuch ein Protokoll.

Ein Experiment zur grundlegenden Funktionsweise eines
Verfahrens der Wasserwirtschaft durchführen;
Zusammenhänge am System gebundener Röhren erkennen

 **S. 10, S. 11**

Eine Salzlösung trennen

1 Das Protokoll zum Experiment ist nicht vollständig.
Führt das Experiment durch. Ergänzt dabei das Protokoll.

Protokoll: *Kochsalzlösung destillieren*

Frage: Was passiert, wenn wir eine Kochsalzlösung erhitzen?

Vermutung: _____

_____

Material:

Versuchsaufbau:

Durchführung:
- 6 Esslöffel Wasser und einen Teelöffel Salz
  in die Schüssel geben, beides verrühren,
  bis eine klare Lösung entsteht

- die Schüssel auf die Herdplatte stellen und
  die Lösung zum Kochen bringen

- das Spritzschutzsieb auf die Schüssel legen,
  das mit kaltem Wasser gefüllte Teeglas
  auf das Spritzschutzsieb stellen

- das Teeglas beobachten

Ihr könnt das Teeglas säubern, wieder mit
kaltem Wasser füllen und nochmals
auf das Spritzschutzsieb stellen.

Beobachtung: _____

_____

_____

Ergebnis: _____

Erklärung: Wasser siedet bei _____ und verdampft. Salz siedet erst

bei viel höheren Temperaturen. Darum bleibt _____ zurück.

Ein Experiment
nach einer Schrittfolge durchführen,
dazu ein Protokoll schreiben

Ausschneideseite

Seite 25

☐ Im Staatlichen Museum in Schwerin können die Besucher wertvolle Münz- und Schmucksammlungen sowie berühmte Gemälde wie das der Gemüsehändlerin betrachten. Kinder können hier malen, basteln, Schmuck gestalten …

☐ Die Rügenbrücke ist die längste Brücke Deutschlands. Sie überquert einen Teil des zwei Kilometer breiten Strelasunds bei Stralsund und verbindet neben dem Rügendamm die Insel mit dem Festland. Rügen ist eine beliebte Urlaubsinsel.

☐ Seit 100 Jahren werden in Boizenburg Fliesen für Wände und Fußböden hergestellt. In der Altstadt findet man das „Erste Deutsche Fliesenmuseum". Die Besucher können sich über die Herstellung von Fliesen und die Fliesenkunst informieren.

Seite 26

| „Wasserkunst" in Wismar | Leuchtturm in Rostock-Warnemünde |

| In der Vorpommerschen Boddenlandschaft | An der Müritz |

Seiten 28 und 29

Seite 41

53

Ausschneideseite

Seite 44

Landwirtschaft
Gelangen Düngemittel in
Gewässer, dann wuchern die Algen.
Sterben die Algen ab, wird
der Sauerstoff im Wasser knapp.

Katastrophen
Bei Unglücken mit Öltankern
oder auf Ölplattformen fließt oft
Öl ins Meer. Die Folge ist:
Viele Tiere und Pflanzen sterben.

Private Haushalte
Duftstoffe aus Shampoos
gelangen ins Wasser.
Sie können im Klärwerk
schlecht abgebaut werden.

Industrie
Kraftwerke kühlen mit Wasser
Dampf ab. Dabei erwärmt sich das
Wasser. Wird es in Flüsse geleitet,
kann es zum Fischsterben kommen.

Seiten 46 und 47

Bild- und Fotonachweis

Wegweiser